Beck-Wirtschaftsberater

Stolperfallen im Gespräch

dtv

Beck-Wirtschaftsberater

Stolperfallen im Gespräch

Passende Antworten auf unpassende Fragen und andere Möglichkeiten, Gespräche zu lenken

Von Prof. Dr. habil. Christian-Rainer Weisbach

(2019)

dtv

www.dtv.de
www.beck.de

Originalausgabe

dtv Verlagsgesellschaft mbH & Co. KG,
Tumblingerstraße 21, 80337 München

Druck und Bindung: Druckerei C.H. Beck, Nördlingen
(Adresse der Druckerei: Wilhelmstraße 9, 80801 München)
Satz: ottomedien GmbH, Darmstadt
Umschlaggestaltung: Agentur42, Bodenheim
unter Verwendung eines Fotos von cadama/Shotshop.com
ISBN 978-3-423-50968-8 (dtv)
ISBN 978-3-406-74161-6 (C.H.Beck)
ISBN 978-3-406-74162-3 (eBook)

9 783406 741616

Vorwort

Kennen Sie solche Fragen? „*Hast du dir das auch gut überlegt?*" In der Regel neigen wir dazu, inhaltlich darauf einzugehen und verlieren unsere Souveränität. Denn der andere führt uns mit dieser Frage und lenkt unsere Reaktion. Bildlich gesprochen tappen wir in eine von vielen Gesprächsfallen, die so unscheinbar sind, dass wir sie meist zu spät bemerken.

Je länger ich mich mit Kommunikation im Allgemeinen und einer wertschätzenden Gesprächsführung im Besonderen auseinandersetze, umso mehr kristallisiert sich für mich heraus, dass das schier endlose Angebot an Möglichkeiten zu kommunizieren wenig zu echter und auch beglückender Begegnung beiträgt. Noch nie in der Geschichte konnten Menschen so problemlos Kontakte herstellen und sich mit Menschen in aller Welt verknüpfen. Und gleichzeitig fühlen sich so viele Menschen einsam, trotz hunderter von Freunden in ihren sozialen Netzwerken. Wieso beklagen sich so viele Menschen, dass sie kaum jemanden haben, der sie versteht? Ganz gleich, ob es sich um Kinder, Schüler, Mitarbeiter, Partner oder Rentner handelt.

Ehe Sie mit der Lektüre dieses Buches beginnen, will ich Ihnen in diesem Vorwort eine erste, schnelle Antwort geben: Es ist eine bestimmte, uns allen vertraute und auch allgegenwärtige Art der Kommunikation, die darauf abzielt, andere zu kontrollieren, verfügbar zu machen und zu verdinglichen. Kontrolle erhöht zwar in erster Linie Sicherheit, lässt aber Begegnung erstarren und verhindert Wachstum. Denn wir verfügen nicht über etwas, was sich eigenständig verändert, eben wächst. Immer dann, wenn uns an einer guten Beziehung – geschäftlich genauso wie privat – gelegen ist, können wir mit einem souveränen Reaktionsverhalten zu befriedigenden Ergebnissen kommen.

Mit diesem Buch will ich Ihnen zeigen, was Sie aktiv beisteuern können, um sich den zumeist unreflektierten Forderungen an Ihre Verfügbarkeit zu entziehen. Glücklicherweise sind wir den Ansprüchen anderer nicht bedingungslos ausgeliefert – im Gegenteil: Wir können Bedingungen benennen, die Begegnungen bereichern und Beziehungen belastbar machen.

Tübingen, im Mai 2019 *Christian-Rainer Weisbach*

Inhaltsübersicht

Einleitung

Auch wenn ich in den folgenden Kapiteln das Fragen infrage stelle, möchte ich vorab erklären, dass Fragen durchaus ihre Berechtigung haben können: In vielen Situationen erscheint die Frage als das beste Mittel, um schnell an Informationen zu kommen. Darum fragen wir üblicherweise, wenn wir etwas wissen wollen. Ob wir jetzt Verkäufer, Handwerker, Lehrer, Juristen, Ärzte oder Coaches nehmen, sie alle gehen davon aus, dass sie ihren Beruf nicht ohne Fragen ausüben können. Das erklärt auch das vielfältige Schulungsangebot zum Thema Fragetechnik sowie die überaus breite Literatur zu diesem Thema. Allerdings steht dort vor allem der Fragende im Mittelpunkt und es werden ausgefeilte Fragetechniken entwickelt, um den Fragenden an sein Ziel zu bringen.

Dabei werden mehrere Probleme nicht beachtet. Zum einen ist eine wichtige Voraussetzung: Wer fragt, muss zuhören können. Und zuhören heißt: Die Antworten mit **ungeteilter** Aufmerksamkeit aufzunehmen. Zum anderen gilt es, ein Klima des Wohlwollens und Vertrauens zu schaffen, um mit seinen Fragen voranzukommen.

Nach meinen Beobachtungen wird außerdem der folgende Punkt regelmäßig übersehen: Dass nämlich direkte Fragen nicht immer zielführend sind, weil die meisten Menschen dazu neigen, Fragen so zu beantworten, dass sie mit der Antwort in einem guten Licht stehen. Und zwar im doppelten Sinne: Sowohl in einem guten Licht vor dem Fragenden als auch vor sich selbst.

Außer der Wissbegierde gibt es noch einen weiteren Grund, warum Fragen gestellt werden: Sie können den Befragten auch zur Reflexion einladen. In diesem Fall stellt der Fragende gewissermaßen stellvertretend für seinen Gesprächspartner Fragen, die dieser sich – aus welchen Gründen auch immer – bislang nicht selbst gestellt hat. Berater und Coaches sind in der Regel nicht an den konkreten Antworten ihrer Klienten interessiert, sondern setzen ihre Fragetechnik so ein, dass der andere zum Nachdenken kommt. Freilich sind auch diese Fragen nur zielführend, wenn der Befragte bereit und offen ist, darauf einzugehen. Ist diese Bedingung nicht erfüllt, sind Fragen – und seien sie noch so differenziert – stets mit dem Risiko verbunden, Antworten zu provozieren, die sozial erwünscht klingen, einen also gut dastehen lassen. Da sich viele Menschen scheuen, Gefühle wie Zweifel, Zögern und Unentschlossenheit oder Sorgen, Bedenken und Ängste etc. offen zuzugeben, wird ihre Antwort oftmals unreflektiert geschönt, um vor anderen gut dazustehen bzw. um das eigene Selbstbild zu bewahren.

Rein grammatikalisch betrachtet, drücken wir uns mittels vier Satzarten aus: **Aussage, Aufforderung, Ausruf** und **Frage.** Auch wenn sich Aussage, Aufforderung und Ausruf mittels Betonung und Fragepartikel zu Fragen umformen lassen, sind sie eigentlich keine Fragen. Die Aufforderung: „*Schließen Sie bitte die Tür!*“ wird üblicherweise in Frageform höflich abgemildert: „*Würden Sie bitte die Tür schließen?*“ oder ganz umständlich: „*Würde es Ihnen etwas ausmachen, die Tür zu schließen?*“ Trotzdem ist die Bedeutung dieser Pseudofragen immer noch die der Aufforderung. Und auch das an eine Äußerung angehängte „*gell?*“, „*nicht wahr?*“, „*oder?*“ stellt die Aussage keineswegs infrage. Auch bewundernde Ausrufe wie „*fantastisch!*“, „*großartig*“, „*einzigartig*“ werden zustimmungsheischend um diese Partikel ergänzt: „*Fantastisch, nicht wahr?*“, „*Großartig, gell?*“, „*Einzigartig, oder?*“.

Was nach meiner Erfahrung jedoch kaum genutzt wird, ist das umgekehrte Prinzip, nämlich die Frage nicht als Frage erscheinen zu lassen. Im Kern zielt die Frage ja auf eine Antwort ab und ist eine Sonderform der Aufforderung: Der andere soll antworten bzw. sich erklären. Damit der Befragte möglichst keinen Erklärungsdruck spürt, bietet es sich an, die Frage in Form einer Aussage zu formulieren. Aussagesätze wirken aufgrund des Tonfalls weniger bedrängend und ziehen in der Regel weitergehende Ausführungen des Gesprächspartners nach sich. Hier gilt die Analogie: Wer fragt, muss zuhören können und wer den anderen auffordert, etwas zu erklären, muss ebenso hinhören können.

Damit eine derartige Feststellung die volle Wirkung hat, ist es wichtig, dass sie mit Selbstverständlichkeit getroffen wird. Erst das macht sie zu etwas Natürlichem. Das trägt zur Entspannung und Entlastung bei, zeigt unser Tonfall doch, dass wir völlig ruhig und entspannt bleiben und an dem, was der andere erwidert, nichts Besonderes oder Ungewöhnliches finden.

Ehe Sie sich weiter in dieses Buch vertiefen, können Sie sofort überprüfen, wie die Reaktionen Ihrer Gesprächspartner ausfallen, wenn Sie einmal direkt fragen und ein anderes Mal die Frage im Aussagemodus stellen, beispielsweise:

Wann können Sie kommen?

Oder: Um Sie einzutragen, möchte ich noch wissen, wann Sie kommen.

Wie war Euer Urlaub?

Oder: Ich bin neugierig, von Eurem Urlaub zu hören.

Bist du jetzt sauer?

Oder: Ich habe den Eindruck, dass du jetzt sauer bist.

Welche Bedeutung hat diese Entscheidung für Sie?

Oder: Ich möchte gern mit Ihnen darüber nachdenken, welche Bedeutung diese Entscheidung für Sie hat.

Interessanterweise bringt das die meisten Menschen eher zu einer spontanen Fortsetzung der reinen Antwort, als dass dies durch eine Frage möglich wäre. Denn das Beantworten von Fragen wird ja immer von einem automatischen Kontrollmechanismus begleitet, bei dem sich der Antwortende auch fragt, ob und inwieweit die Antwort geeignet ist, sowohl die Frage zu beantworten als auch sein Selbstbild aufrecht zu erhalten und ihn in einem guten Licht dastehen zu lassen bzw. sozial erwünscht zu wirken.

Im folgenden Buch werde ich mich im ersten Kapitel ganz auf die Seite derer stellen, die sich durch viele Fragen ihrer Mitmenschen genervt fühlen und möchte zeigen, wie wir souverän reagieren können, auch ohne die jeweilige Frage zu beantworten.

Im zweiten Kapitel zeige ich, wie wir ein Gespräch führen können, indem wir unsere Fragen am Gegenüber ausrichten. Mithilfe unserer Erklärungen können wir den Befragten veranlassen, differenziert zu antworten und ihn im besten Fall in die von uns gewünschte Richtung lenken.

Leider wird vielen Menschen ihre natürliche Neugier bereits im Kindesalter ausgetrieben. Da diese für ein gelingendes Miteinander wichtig ist, führe ich im dritten Kapitel die Besonderheiten von Neugier und der Suche nach Möglichkeiten aus. Das steht im Kontrast zur gängigen Kontrolle und der vertrauten Bestätigung von Erwartungen.

Es gibt nicht nur eine Antwortfalle, auch eine Fragefalle ist vermeidbar. Im vierten Kapitel zeige ich, wie wir unversehens in Frageketten geraten, weil wir uns für den weiteren Gesprächsverlauf verantwortlich fühlen. Außerdem erläutere ich, wie man anderen helfen kann, aus diesen Frageketten herauszukommen.

So, wie eine Frage nur dann Sinn macht, wenn der Befragte bereit ist, sie zu beantworten, machen Argumente nur Sinn, wenn der Gesprächspartner bereit und willens ist, zuzuhören. Deshalb geht es im fünften Kapitel darum, wie wir unsere Standpunkte formulieren müssen, wenn wir den anderen nicht unterwegs verlieren wollen.

Hinter dem provozierenden Titel „Dem 'Opfer' nicht auf den Leim gehen“ zeige ich im sechsten Kapitel eine Reihe von kommunikativen Tricks, mit denen andere versuchen, uns vor ihren Karren zu spannen und welche Möglichkeiten es gibt, sich dieser Vereinnahmung souverän zu entziehen.

Im siebten Kapitel geht es um unsere allzu schnelle Bereitschaft, Verantwortung zu übernehmen und die Frage, wie wir die Handlungsverantwortung beim anderen belassen können. Sie lernen Möglichkeiten kennen, dem anderen bewusst zu machen, welche Entscheidungen er getroffen hat.

Schließlich zeige ich im letzten Kapitel, wie wir durch eine erlaubende Haltung unseren Gesprächspartner zum Sprechen bringen können. In einem kurzen Exkurs mache ich aus meinen Bedenken hinsichtlich der sogenannten „Gewaltfreien Kommunikation“ keinen Hehl. Abschließend führe ich nochmals aus, wie unser Tonfall den Dialog beeinflusst.

Ehe Sie die verschiedenen Gesprächsfallen kennenlernen, lade ich Sie zu einer kurzen Selbstreflexion ein. Die folgenden elf Fragen drehen sich ums Fragen und Befragt-Werden. Mit Ihren Antworten beziehen Sie Position und kommen mit meinen Ausführungen auf sehr direkte Weise in Kontakt; möglicherweise zustimmend oder auch sich reibend.

Die ersten fünf Fragen beziehen sich auf Alltagsgespräche, in denen Sie das Gespräch aktiv beginnen.

- Wie gestalten Sie üblicherweise den Anfang eines Gesprächs?
- Welcher Stellenwert kommt dabei Ihren Fragen zu?
- Was empfinden Sie, wenn im Gespräch eine längere Pause eintritt?
- Wie lange halten Sie Gesprächspausen aus?
- Womit überbrücken Sie normalerweise entstehende Pausen?

Bei den folgenden Fragen geht es um Ihre Erfahrung in Gesprächen, die ein anderer begonnen hat.

- Wie angenehm bzw. unangenehm ist es Ihnen, Fragen zu beantworten, wenn Sie noch nicht wissen, worauf der Fragende eigentlich hinaus möchte?
- Wie erleben Sie Fragen, die sich auf etwas Neues beziehen, wenn Sie in Gedanken noch ganz woanders sind?
- Wie geht es Ihnen mit Fragen, die Sie eigentlich beantworten können sollten, wozu Ihnen aber im Moment die passende Antwort fehlt?
- Was lösen Fragen bei Ihnen aus, die Sie (noch) nicht beantworten können, weil Sie darüber bislang noch nicht nachgedacht haben?
- Wann empfinden Sie Fragen als bedrängend?
- Und wann sogar als beschämend?

1. Kapitel

Passende Reaktionen auf unpassende Fragen

In diesem ersten Kapitel möchte ich Ihnen Möglichkeiten zeigen, sich vor zudringlichen Fragen zu schützen und gleichzeitig weniger „brav" auf Fragen zu reagieren, deren Sinn sich Ihnen noch gar nicht erschließt. Ich spreche von der **Antwortfalle,** in die wir tappen, wenn wir antworten, obgleich uns noch gar nicht erklärt wurde, wozu der andere das von uns wissen will.

Eine gängige Redewendung sagt: „*Wer fragt, führt*". Formal mag das stimmen. Wer eine Frage stellt, gibt ein Thema vor, entscheidet mit der Formulierung, ob eine Ja-Nein-Antwort ausreicht oder die Antwort mehr Text erfordert; insoweit übernimmt der Fragende die Führung für diesen Gesprächsabschnitt. Wieweit diese Form der Kommunikation tatsächlich zielführend ist, soll im Folgenden hinterfragt werden.

Wie harmlos das Fragen daherkommt, wird in Wendungen deutlich, wie: „*Man wird doch wohl noch fragen dürfen.*" Oder: „*Fragen kostet nichts.*" Oder: „*Mit Fragen kommt man durch die Welt.*" Die Frage scheint von solcher Beiläufigkeit, dass es erstaunen mag, diesem sprachlichen Phänomen Aufmerksamkeit zu schenken.

Es wird gern behauptet, dass es keine dummen Fragen gibt, ja dass diese unerlässlich für den Gesprächsverlauf sind, weil dieser ohne Fragen schnell versiegt. Mich macht jedoch stutzig, dass uns so viele Fragen unangenehm sind oder wir sie als unpassend empfinden.

Gründe, warum eine Frage als unpassend empfunden wird, sind beispielsweise:

- weil wir über das Gefragte nicht sprechen wollen, können oder auch dürfen,
- weil wir darüber nicht Bescheid wissen, aber glauben, es wissen zu müssen,
- weil wir befürchten, mit der Antwort in einer „falschen Schublade" zu landen,
- weil wir die Frage für nicht ernst gemeint halten,
- weil uns der Fragende nicht so vertraut ist, dass wir ihm diese Fragen zugestehen,
- oder weil wir nicht verstehen, was den anderen an unserer Antwort eigentlich interessiert.

Bestimmt fallen Ihnen noch weitere Beispiele für unpassende Fragen ein. Gar nicht erwähnt habe ich all die Fragen, denen wir von vornherein ein ernsthaftes Interesse absprechen, im Sinne von *„Wie geht's?"*, *„Wie war's?"*, *„Was läuft?"* und auf die wir in der Regel entsprechend undifferenziert antworten.

Trotz aller Aufdringlichkeit sind manche Fragen nicht nur alltäglich, sondern so selbstverständlich, dass Fragende völlig überrascht reagieren, wenn ihre Frage hinterfragt, also auf ihre Intention überprüft wird.

Hier ein paar Beispiele für ausgesprochen **penetrante Fragen**:

Wieso trägst du keine Krawatte?

Wie groß ist Ihre Bereitschaft, sich für den Betrieb einzusetzen?

Warum verdienst du eigentlich nicht mehr?

Wie schätzen Sie denn die Führungsqualitäten unserer neuen Chefin ein?

Wie wichtig ist dir Ehrlichkeit?

Fragen können aber auch in unsere **Intimsphäre** eindringen oder es zumindest versuchen.

Ist Treue in Paarbeziehungen für Sie wichtig?

War das dein neuer Freund, mit dem du gestern im Kino warst?

Sind Sie immer so spröde?

Wieso habt Ihr fünf Kinder? Waren die alle geplant?

Warum hast du eigentlich keine feste Beziehung? Bist du schwul?

Manchmal scheint es der Fragende sogar darauf anzulegen, **uns bloßzustellen.** Der Fragesteller wird zum Fallensteller:

Hast du eigentlich wieder zugenommen?

Sind Sie aufgrund eigener Leistung so weit gekommen?

Warum wirst du denn gerade rot?

Haben Sie wirklich nichts bemerkt?

Wie oft soll ich dir das noch erklären?

Halten Sie Ihr Outfit wirklich für passend?

Ebenso lästig, wenn nicht sogar belastend, erleben wir Fragen, die von uns eine **Rechtfertigung** fordern oder uns unter Druck setzen.

Wieso haben Sie sich nicht an den Zeitplan gehalten?

Warum kommst du jetzt erst?

Mit wem haben Sie da gerade telefoniert?

Weshalb willst du eigentlich nicht?

An was denkst du gerade?

Auch kann uns der fordernde oder auch herablassende Ton einer Frage unter **Zugzwang** setzen.

Wie viel Prozent Nachlass ist denn drin?

Was brauchst du denn noch, um es endlich zu kapieren?

Erwarten Sie ernsthaft, dass ich das glaube?

Willst du nicht oder kannst du wieder nicht?

Können Sie das selbst entscheiden oder müssen Sie erst fragen?

Manche Fragen sind nicht nur unpassend, sondern **unverschämt,** weil der Fragende sich anmaßt, die Hilflosigkeit oder Anspannung seines Gegenübers auszunutzen. So beklagen sich Bewerberinnen über Fragen, die definitiv nicht statthaft sind:

Sind Sie schwanger?

Wie verhüten Sie?

Leben Sie in einer festen Beziehung?

Sind Sie religiös und wenn ja, wie aktiv üben Sie Ihre Religion aus?

Wie sieht denn Ihre Familienplanung aus?

Und manchmal werden uns die Fragen so geballt gestellt, dass diese einem **Frage-Feuerwerk** gleichkommen, ohne dass uns überhaupt Zeit zum Nachdenken gewährt wird.

Was werden Sie unternehmen? Beziehungsweise welche Lösungsmöglichkeiten schlagen Sie vor? Oder sind Sie mit der Fehleranalyse noch gar nicht so weit vorangekommen? Wie sieht also ihr konkreter Zeitplan aus?

Wollen wir am Wochenende etwas unternehmen? Was hältst du von Theater? Wie fandest du die Rezension über die Inszenierung des „Rings"? Oder möchtest du lieber ins Kino gehen?

Wie gefällt dir eigentlich meine Ausarbeitung? Findest du sie zu lang? Oder sollte ich noch mehr ins Detail gehen? Was findest du besonders gelungen? Und wo, meinst du, könnte ich kürzen?

Obgleich wir viele Fragen für unangemessen halten, fällt es den meisten Menschen schwer, genau das zu erwidern. Wir mögen vielleicht denken: *„Das geht Sie bzw. dich gar nichts an."* Tatsächlich bemühen wir uns aber in der Regel um eine sozial verträgliche Antwort. Es mag zutreffen, dass der Fragende den Gesprächsverlauf bestimmt, aber die Ver**antwort**ung liegt beim Antwortenden, dieser soll reagieren und tut es in der Regel.

Schließlich gib es noch den **als Frage getarnten Ratschlag.** Im Deutschen, aber noch viel stärker im Englischen, werden Vorschläge gern in Frageform geäußert. Damit soll erreicht werden, dass der Ratschlag höflicher und zurückhaltender klingt. Was zunächst wie konventionelle Höflichkeit erscheint, entpuppt sich als geschickte Vorgehensweise, einer möglichen Zurückweisung des Ratschlags zu entgehen, immer nach dem Standardmotto: *„Man wird doch wohl noch fragen dürfen."* Hier ein paar alltägliche Ratschläge in Frageform:

Wäre es nicht besser, wenn Sie persönlich zum Kunden gehen?

Solltest du nicht wenigstens fragen, ob sie uns helfen können?

Wie wäre es, wenn Sie das einfach mal ausprobieren?

Müsstest du dich nicht längst umziehen?

Wäre es nicht ratsam, wenn Sie mit dieser Erkältung zu Hause bleiben?

Willst du nicht noch etwas für die Schule tun?

Möchtest du dir nicht ein neues Handy kaufen? Schau mal hier!

In manchen Ratgebern zu Fragetechniken wird empfohlen, Ratschläge weniger direkt zu formulieren und sie in Frageform einzukleiden. Das wird damit begründet, dass der Gesprächspartner dadurch weniger verletzt reagiert und über den Ratschlag nachdenken wird. Ich beobachte stattdessen, dass häufig das Gegenteil eintritt, denn diese sogenannte Höflichkeit wirkt alles andere als wertschätzend. Weder ist der Fragende an der tatsächlichen Meinung des anderen interessiert, noch gibt er zu erkennen, was sein eigenes Interesse an diesem Vorschlag ist. Was vordergründig höflich daherkommt, duldet keine Ablehnung. Der freundlich Befragte soll „*Ja*“ sagen, d. h. den Ratschlag nicht nur annehmen, sondern auch umsetzen. Sie können auf die Beispielsätze spaßeshalber mit „*Nein*“ antworten und bemerken sogleich, wie das Gespräch eskaliert.

Wie anders würde das Gespräch im ersten Beispielsatz verlaufen, wenn statt des Ratschlags ein Verstehen-Wollen im Vordergrund stünde, beispielsweise:

Ich gewinne gerade den Eindruck, dass Sie aus irgendwelchen Gründen nicht persönlich zum Kunden gehen wollen. Das möchte ich gern verstehen. *Oder:*

Irgendwie kommen Sie mit diesem Kunden nicht klar. Ich habe noch nicht begriffen, woran das liegt. *Oder:*

Die Idee, persönlich zum Kunden zu gehen, scheint für Sie nicht infrage zu kommen.

Von Menschen, die oft und gern Fragen stellen, höre ich immer wieder, dass es ihnen doch darum gehe, den anderen zu verstehen und sie darum fragen. Doch wer verstehen will, sollte erklären, was ihn beschäftigt und was ihm gerade wichtig ist, statt darauf zu vertrauen, dass die Fragen auch so beantwortet werden. In den allermeisten Fällen funktioniert das auch, denn:

Fragen provozieren, dass wir antworten **wollen**.

Warum wir bereitwillig in diese **Antwortfalle** tappen, liegt daran, dass Fragen und Beschuldigen eng miteinander verknüpft sind. Es heißt nicht umsonst „eine Antwort schuldig bleiben“, wenn wir etwas unbeantwortet lassen. Wenn also das Ausbleiben einer Antwort als „schuldig bleiben“ bezeichnet wird, dann liegt es nahe, der Frage die Möglichkeit einzuräumen, den Befragten in Schuld zu bringen. Das erklärt, warum für viele eine schnelle, vielleicht auch falsche Antwort immer noch besser zu sein scheint, als eine Antwort schuldig zu bleiben.

Ehe das möglicherweise wie Kritik am gängigen Antwortverhalten wirkt, möchte ich sogleich betonen, dass unsere Antworten geradezu automatisch erfolgen, also ohne bewusste Reflexion. Dieser Automatismus hat mit unseren Hörgewohnheiten zu tun. Am Beispiel von Fragevertonungen in der Musik lässt sich dies verdeutlichen. So wie die Stimme am Ende einer Frage nach oben geht, lassen Komponisten ihre Fragemelodie ansteigen, ohne sie jedoch aufzulösen. Im Hörer wird Spannung erzeugt, wenn die Melodie nicht zum Grundton zurückkehrt, sondern gewissermaßen in der Luft hängen bleibt. Im Erlkönig fragt der Vater:

Würde die Melodie hier enden, wäre das für uns Hörer kaum auszuhalten, denn unser Ohr verlangt nach Auflösung der Spannung. Nicht nur die klassische Musik verarbeitet Fragen mit Spannungsbögen, auch Pop- und Schlagermusik bedienen sich dieser Technik, hier ein alter Beatles-Song:

Löst sich die Spannung nicht auf, so nehmen wir Hörer nicht am zuletzt verklungenen Ton Anstoß, sondern am Ausbleiben der Auflösung. Genauso wird im Gespräch auch nicht an der Frage Anstoß genommen, sondern am Ausbleiben der Antwort. Zumal sich die Frage in ihrer Gestaltung nach der Antwort richtet, diese gewissermaßen vorwegnimmt. Ähnlich der musikalischen Fragespannung lenkt die Frage im Gespräch die Aufmerksamkeit auf die Antwort, auf das Sagen. Der Befragte soll sich ja der Frage stellen.

Ich hatte erklärt, dass wir üblicherweise automatisch reagieren, weil wir in bestimmten Verhaltens- und Gesprächsmustern aufgewachsen sind. Verhaltens- und Reaktionsmuster werden in der Kindheit gebildet und über das ganze Leben beibehalten. Sie laufen über Mechanismen des Unterbewusstseins automatisch ab. Unsere Reaktionen erscheinen dann völlig selbstverständlich:

Frage	→	Antwort
Vorwurf	→	Rechtfertigung
Angriff	→	Verteidigung

Wenn wir im Sinne der Muster reagieren, überlassen wir dem anderen die Führung. So vertraut uns diese Muster auch sein mögen, sind wir trotzdem nicht verpflichtet, uns stets mustergerecht zu verhalten. Immer, wenn wir Verhaltensmuster durchbrechen, verwandeln wir Reaktion in Aktion. Statt auf eine Frage antwortend zu reagieren, können wir auch den Fragenden bitten, sich zu erklären.

Sobald wir verstanden haben, worauf eine Frage eigentlich abzielt, was den Fragenden letztlich interessiert bzw. was er beabsichtigt, können wir entscheiden, ob und wenn ja, wie wir reagieren wollen.

Ich hatte geschrieben, dass Fragen uns provozieren, antworten zu wollen. Doch wenn wir antworten, ohne den eigentlichen Grund der Frage bzw. ihren Sinn verstanden zu haben, tappen wir geradewegs in die **Antwortfalle.**

Auch die beiden anderen Muster lassen uns regelmäßig in die Falle tappen. Wenn wir auf einen **Vorwurf** mit einer **Rechtfertigung** reagieren, führt dies nur in den seltensten Fällen zu einer verständnisvollen Auflösung. Oder wie oft passiert es Ihnen, dass Ihnen auf Ihre Rechtfertigung erwidert wird:

Oh danke, das hat mir gerade geholfen.

Besten Dank für die Erklärung, jetzt kann ich das verstehen.

Ach, so war das. Nun kann ich nachvollziehen, wie das passiert ist.

Meistens erhebt der andere weitere Vorwürfe, die zu weiteren Begründungen führen, ohne dass geklärt wird, worum es eigentlich geht. Beispielsweise:

Warum kommst du jetzt erst?

Tut mir echt leid, der Chef hat noch kurzfristig ein Meeting um 18 Uhr angesetzt.

Wieso hast du nicht wenigstens kurz angerufen oder mir eine SMS geschickt?

Ich wollte ja, aber der Akku von meinem Handy war leer.

Und weshalb konntest du keinen deiner Kollegen bitten, dir kurz mal seines zu leihen?

Weil wir da schon alle im Meeting saßen und es sofort zur Sache ging.

Ebenso verhält es sich bei dem Muster **Angriff-Verteidigung:** Wer sich verteidigt, wird keineswegs in Ruhe gelassen, nach dem Motto:

Ich merke gerade, dass du dich verteidigst, das war nicht meine Absicht.

Womöglich fühlst du dich gerade angegriffen, das tut mir leid.

Falls dich mein letzter Satz unter Druck gesetzt hat, ziehe ich ihn zurück.

Nein, ganz im Gegenteil, wer sich verteidigt, provoziert geradezu weitere Angriffe. Auch hier führt das spontane, dem Muster folgende Reagieren nicht nur in die Falle, sondern über kurz oder lang in eine Niederlage.

Sagen Sie mal, sind Sie auch nur ansatzweise qualifiziert?

Ja selbstverständlich. Ich habe mein Examen mit Auszeichnung bestanden.

Meinen Sie wirklich, ein Examen sagt etwas über die tatsächliche Qualifikation? Wie viel Erfahrung haben Sie denn schon?

Ich mache das immerhin schon seit fünf Jahren und kenne mich mit diesen Prozessen wirklich aus.

Dass ich nicht lache. Bilden Sie sich wirklich ein, nach fünf Jahren schon alle Details zu erfassen? Haben Sie mal was von Selbstkritik gehört? Usw.

Wer uns angreift, geht davon aus, zu siegen. Oder würden Sie jemanden angreifen, wenn Sie schon vorab ahnen, dass Sie gleich den Kürzeren ziehen?

Beim **Frage-Muster** kann es uns ähnlich ergehen. Noch während wir antworten, formuliert unser Gegenüber im Geiste bereits die nächste Frage, so dass dieses Frage-Antwort-Spiel zunehmend einem Verhör ähnelt.

Wie war eigentlich Euer Urlaub?

Super, wirklich großartig. Ich habe mich schon lange nicht mehr so gut erholt.

Und wie war das Wetter?

Erstaunlich stabil. Vom Anreisetag abgesehen, hatten wir viel Sonne, wenig Wind und insgesamt Kaiserwetter.

Und das Essen?

Na ja, das war anfangs für mich gewöhnungsbedürftig, aber ich konnte mich schnell umstellen und jetzt fehlt es mir schon ein wenig.

Und wie war die Unterkunft?

Schon etwas laut, wir hatten halt Fenster zur Straße.

Und was habt Ihr so unternommen? Usw.

Um aus diesen eingefahrenen Mustern herauszukommen, müssen wir uns etwas erlauben, was geradezu verpönt ist: Eine Pause machen und erst einmal nachdenken.

Statt dem ersten Impuls zu folgen und sofort zu reagieren, fragen wir uns erst einmal, wieweit uns gerade nachvollziehbar ist, was der andere konkret von uns will.

Es gibt Situationen, die aus dem Kontext heraus selbsterklärend sind, nehmen wir beispielsweise ein Arzt-Patient-Gespräch:

Seit wann haben Sie die Beschwerden?

Seit zwei Wochen.

Wann im Tagesverlauf spüren Sie es besonders?

Immer wenn ich mich bücke.

Wie äußert sich das dann?

Wenn ich einen Holzkorb trage, fährt es mir richtig ins Kreuz.

Wie schwer ist so ein Korb in der Regel?

Circa 20–30 Kilo. Usw.

Hier erscheinen die Fragen für den Patienten passend, weil sie für ihn nachvollziehbar sind. Er kann entsprechend konkret antworten. Das würde sich aber sogleich ändern, wenn im weiteren Verlauf des Gesprächs Fragen gestellt werden, die der Patient nicht mehr nachvollziehen kann, beispielsweise

Wie viel Alkohol trinken Sie täglich?

Viele Patienten trauen sich nicht, den Arzt zu fragen, warum er das wissen will. Stattdessen geben sie eine Antwort, die sie bei dieser doch recht persönlichen Frage in einem halbwegs guten Licht dastehen lässt, im Sinne von:

Eigentlich kaum.

Hin und wieder mal ein Gläschen, nicht der Rede wert.

Gelegentlich.

Das hält sich in Grenzen.

Ich konnte bei verschiedenen Untersuchungen beobachten, dass Patienten ganz anders reagieren, wenn sie nachvollziehen können, wozu sie etwas gefragt werden.

Ich möchte Ihnen gern ein Medikament gegen Ihre Beschwerden verschreiben. Damit Sie möglichst keine Nebenwirkungen spüren, müsste ich vorher noch wissen, wie viel Alkohol Sie täglich trinken.

Na ja, zum Abendessen trinke ich gern eine Flasche Wein und wenn der Abend lang wird, können es auch zwei Flaschen werden.

Grundsätzlich gilt: Fragen, die sich für den Befragten erschließen, werden anders, und in der Regel ausführlicher beantwortet, als Fragen, bei denen unklar ist, wozu die Antwort dienen soll.

Wir stoßen aber immer wieder auf Menschen, die uns mit Fragen behelligen, die sich keineswegs von selbst erklären. Nun liegt es an uns, die jeweilige Frage für uns passend zu machen, indem wir dem Anderen Gelegenheit geben, dies nachzuholen. Dafür müssen wir uns eine Strategie aneignen, die uns selbst daran hindert, spontan zu antworten und die Aufmerksamkeit auf den Fragenden lenkt:

Die einfachste und zugleich subtilste Form, einen anderen zum Sprechen zu bringen, ist der **fragende Blick**.

Diese Art der Nicht-Antwort ist durchaus eine legitime Reaktion auf eine Frage und führt ohne weitere Umschweife zu Erklärungen. Es entlastet uns und verschafft Zeit, wenn wir uns vom **Antwort-Druck** befreien und den Fragenden ins Zentrum rücken. So kann dieser begründen, warum er die Frage gestellt hat und wozu ihn die Antwort interessiert.

Die schon erwähnte Redewendung: „*Wer fragt, führt*" können wir auch ins Passiv setzen, dann heißt es: **Wer gefragt wird, wird geführt.** Und wer nicht geführt werden will, hat durchaus Möglichkeiten, sich wertschätzend dem Führungsanspruch des Fragenden zu entziehen.

Folgende alltägliche Begebenheit schilderte mir ein Seminarteilnehmer:

Ich komme gerade nach Hause, da fragt mich meine Frau: „Warst du schon einkaufen?" Ich antworte: „Ja." Worauf sie entgegnet: „Schade," dreht sich um und geht in die Küche. Ich stand da wie ein begossener Pudel und überlegte mir, was ich falsch gemacht haben könnte.

Die banale Ja-Nein-Frage „*Warst du schon einkaufen?*" verführt zur sofortigen Antwort. Je einfacher eine Frage erscheint, umso mehr sind wir geneigt, unsere Interpretation für schlüssig, ja einzig richtig zu halten. Doch damit übernehmen wir Verantwortung für den Fragenden. Wäre es im obigen Beispiel dem Teilnehmer gelungen, mit fragendem Blick zu reagieren, hätte sich seine Frau erklären müssen. Wie wir später erfahren konnten, lag ihrer Frage ein konkretes Anliegen zugrunde, das ihr selbst sonnenklar war, aber für ihren Mann ganz und gar nicht ersichtlich. Der Alternativdialog könnte dann so verlaufen sein:

Ich komme gerade nach Hause, da fragt mich meine Frau: „Warst du schon einkaufen?" Ich reagiere mit einem fragenden Blick. Worauf sie erklärt: „Ich habe das Altglas in den Korb neben die Garage gestellt, kannst du den bitte mitnehmen, wenn du beim Container vorbeikommst." – „Okay, ich packe ihn schon mal in den Kofferraum und entsorge das Altglas morgen."

Gerade die einfachen Entscheidungsfragen kommen in der Regel ohne jede weitere Erklärung daher und verführen zu einer sofortigen Antwort. Bei geschlossenen Fragen sind die Antwortmöglichkeiten vorgegeben, sie sind wesentlich einfacher zu formulieren als offene Fragen, darum tauchen sie auch wesentlich häufiger auf. Allerdings verhindern sie den Dialog, denn die knappe Ja- oder Nein-Antwort ist ja noch kein Gespräch. Würde sich der Fragende erklären, könnte tatsächlich ein Dialog entstehen.

Statt des fragenden Blicks können wir mit folgenden Formulierungen den anderen direkt auffordern, sich zu erklären:

- *Ich habe noch nicht verstanden, was du genau wissen möchtest.*
- *Ich will gern antworten, sobald ich verstanden habe, was Sie genau interessiert.*
- *Du kannst mir bestimmt erklären, wozu du das fragst.*
- *Sie können mir gewiss erläutern, worum es Ihnen bei dieser Frage geht.*
- *Damit ich zufriedenstellend antworte, möchte ich noch verstehen, was Sie zu dieser Frage gebracht hat.*

Mit diesen Erwiderungen verschiebt sich die Initiative. Nicht mehr der Fragende führt, sondern Sie klären vor einer möglichen Antwort, worum es eigentlich geht. Vielleicht ist Ihnen schon beim Lesen aufgefallen, dass ich Aussagesätze vorschlage und keine Gegenfrage stelle. Natürlich liegt es nahe, einfach zu fragen „*Was möchtest du genau wissen?*" Wir können aber immer wieder beobachten, dass Menschen auf Fragesätze, besonders wenn sie nicht darauf vorbereitet sind, kürzer und manchmal auch abweisender reagieren, als auf Aussagesätze. Unabhängig davon teilen wir mit unserer Aussage etwas über uns mit, dass wir nämlich die Frage bzw. ihren Zweck noch nicht verstanden haben. Damit zeigen wir unsere grundsätzliche **Dialogbereitschaft.** Statt also inhaltlich auf die Frage einzugehen, greifen wir auf folgendes Muster zurück:

Gern will ich die Frage beantworten, „sobald ich verstanden habe, worum es geht."

Oder:

„Ich möchte gern verstehen, was mit XYZ gemeint ist."

Dabei werden Sie erleben, dass in vielen Fällen der Fragende eine Erklärung nachreicht, die den Kontext so verschiebt, dass die Frage für Sie passend wird.

So entpuppte sich die indiskrete Frage nach den Kindern als höchst persönliches Problem:

Sag mal, warum habt Ihr eigentlich keine Kinder?

Du, ich habe noch nicht kapiert, worum es dir gerade geht.

Na ja, wir haben ja auch keine Kinder, und diese Frage wird einem immer mal wieder gestellt. Ich kann doch schlecht sagen, dass Jutta unfruchtbar ist. Und da wollte ich mal von dir wissen, wie du mit so was umgehst. Ihr werdet doch bestimmt auch so etwas gefragt.

Mir selbst wurde vor ein paar Jahren von einer Studentin aus der Nachbarschaft folgende sehr direkte und ungewöhnliche Frage gestellt:

Sagen Sie mal, wie viel verdienen Sie eigentlich?

Sie können mir bestimmt erklären, worauf Sie hinauswollen.

Na ja, ich sehe Sie so oft in Ihrem Garten, dass ich mich frage, ob man vom Bücherschreiben eigentlich leben kann.

Mir ist bewusst, dass meine Anregungen einfach klingen, die Umsetzung im Alltag aber zusätzliche Aufmerksamkeit erfordert. Sie kennen das vielleicht, wenn Sie vertraute Bewegungsmuster ändern wollen. Ich erinnere mich an einen Tischtenniskameraden, der meisterlich mit seiner Vorhand fast jeden Ball bekam, aber völlig durcheinander geriet, als er lernen wollte, mit Rückhand zu spielen. Wer ein Musikinstrument spielt, berichtet von ähnlichen Erfahrungen, wenn beispielsweise der vertraute Fingersatz durch ein anderes Muster ersetzt wird.

Ich will noch etwas genauer auf das **Vorwurf-Rechtfertigungsmuster** eingehen. Bei den Begründungsfragen wird besonders deutlich, wie reflexhaft wir auf Fragen reagieren:

- Warum?
- Wieso?
- Weshalb?
- Weswegen?
- Wie kommt es?
- Aus welchem Grund?

Der nachvollziehbare Wunsch, von anderen verstanden zu werden, verführt uns, auf Begründungsfragen spontan zu antworten. Es liegt ja auch nahe, dem anderen verständlich zu machen, warum wir uns so verhalten. Allerdings tappen wir in die **Antwortfalle.** Leider deckt sich unser Wunsch, verstanden werden zu wollen, nicht immer mit den Wünschen des anderen. Wenn dieser uns gar nicht verstehen will, sondern umgekehrt das Ansinnen verfolgt, seinerseits von uns verstanden zu werden, dann kommen wir mit keiner noch so gut formulierten Begründung weiter. Sie können meine Erfahrung für sich überprüfen: Fragen Sie sich, wie oft Sie es schon erlebt haben, dass Ihre auf eine Warum-Frage gegebene Erklärung vom anderen akzeptiert oder gar noch mit einem *„Danke, jetzt kann ich nachvollziehen, warum Du das gemacht hast.“* quittiert wurde. Oft ist es so, dass der „Warum“-Fragende während der Antwort bereits seine nächste Erwiderung formuliert, die zunehmend vorwurfsvoller wird.

Mich erstaunt immer wieder, wie Fragende reagieren, wenn ihr Wunsch nach Begründung transparent gemacht wird.

- *Du möchtest, dass ich das erkläre.*
- *Sie erwarten von mir eine Begründung.*
- *Du willst, dass ich dir das darlege.*
- *Ich soll mich rechtfertigen.*
- *Meine Sichtweise dazu soll ich verteidigen.*

Statt nun einfach „*Ja*“ als Antwort zu bekommen, können wir erleben, dass entweder die ganze Frage zurückgezogen wird oder der Fragende diese selbst beantwortet.

Vorgesetzter nach einer Präsentation: Warum gehen Sie von einem zweiprozentigen Wachstume aus?

Sie erwarten, dass ich das nachvollziehbarer begründe.

Nein, das haben Sie ja in Ihrer Präsentation erklärt. Ich will einfach nur herausfinden, ob wir nicht doch noch etwas Luft nach oben haben. Was Sie dargelegt haben ist alles plausibel. Vielleicht sogar zu plausibel, ja das ist es: Ich habe es mir angewöhnt einzuhaken, wenn mir etwas zu schnell einleuchtet. Usw.

Personalgespräch: Warum sind Sie mit Ihrem bisherigen Projektleiter nicht klargekommen?

Sie möchten gern, dass ich erkläre, wie ich die Beziehung zu meinem Projektleiter sehe.

Nein, das ist eigentlich für mich nicht relevant. Ich bin über Ihre Formulierung „wünsche mir mehr Eigenverantwortung" gestolpert und hatte vermutet, Sie fühlen sich etwas bevormundet.

Gern kann ich erläutern, was ich mir unter mehr Eigenverantwortung vorstelle.

Bewerbungsgespräch: Ihr Examen liegt ja nun schon zehn Monate zurück. Weshalb haben Sie immer noch keine Stelle gefunden?

Sie möchten gern nachvollziehen können, wieso ich zehn Monate habe ins Land gehen lassen.

Stimmt. Wobei ich Ihrem Lebenslauf entnehmen konnte, dass Sie im letzten dreiviertel Jahr Chinesisch gelernt haben und wie ich lese mittlerweile gut sprechen. Warum gerade Chinesisch?

Es würde Ihnen helfen, wenn ich das verständlich mache.

Nein, ich weiß selbst, welche Zukunft für uns in China liegt. Usw.

Manchmal brauchen wir einen langen Atem, weil uns die Erklärung für eine Frage noch nicht geholfen hat, die Absicht des anderen zu verstehen. Statt dennoch zu antworten, gilt es weiterhin, den anderen dazu zu bringen, Ziel und Zweck seiner Frage zu erläutern.

Wir schonen unsere Lebensenergie, wenn wir nur auf das reagieren, was wir tatsächlich verstanden haben. So bewahren wir nicht nur unser inneres Gleichgewicht, wir strahlen zugleich auch eine Souveränität ab, der Respekt gezollt wird.

Schließlich gibt es noch die **Neugierfragen**, bei denen wir Rede und Antwort stehen sollen, ohne dass der Fragende oder der Kontext die Frage verständlich macht. Es ist ja ein Unterschied, ob wir nach einer ärztlichen Untersuchung gefragt werden:

Wie häufig machen Sie Sport?

Wie viele Stunden schlafen Sie nachts?

Wie viel wiegen Sie? o. ä.

Oder ob uns die gleichen Fragen in der Kantine von einem Kollegen gestellt werden. Ich drucke hier einmal eine Liste von nervenden Fragen ab, die in einer meiner Seminargruppen zusammengetragen wurde:

Wohin gehst du?

Woher kommst du?

Wo warst du?

Wie war es im Urlaub?

Was hast du am Wochenende gemacht?

Wann hörst du auf zu rauchen?

Mit wem hast du telefoniert?

Wovor hast du Angst?

Wie alt sind Sie?

Was machen Sie beruflich?

Wie viel verdienst du denn so?

Wann ist es denn bei Euch soweit?

War die Schwangerschaft geplant?

Sie können diese Liste bestimmt noch um ein weiteres Dutzend verlängern. Für mich war interessant, dass sich die Teilnehmer einig waren, dass derartige Fragen auch dann als unpassend empfunden werden, wenn sie von Freunden oder Verwandten gestellt werden.

Ich weiß von vielen Männern, dass sie es überhaupt nicht ertragen, wenn Ihre Partnerin sie fragend emotional bedrängt:

Was denkst du gerade?

Bist du jetzt sauer?

Wie fühlst du dich gerade?

Was empfindest du jetzt?

Was spürst du ganz tief in dir?

Ganz gleich, wer uns wo welche Frage stellt, sobald wir diese für unpassend halten, uns unwohl fühlen und die Frage und letztlich auch den Fragenden für nervtötend halten, liegt es in unserer Verantwortung, **auf keinen Fall inhaltlich zu antworten.**

Im Unterschied zu zahlreichen Empfehlungen, die darauf abzielen, den dreist Fragenden in seine Schranken zu weisen und durch Schlagfertigkeit als Sieger aus der Situation herauszukommen, setze ich auf **Transparenz und Wertschätzung.** Solange wir nicht wissen, was den Fragenden zu seiner Frage veranlasst hat, besteht die Gefahr, ihm Unrecht zu tun. Wie man Fragen passend stellt, wird im nächsten Kapitel behandelt.

Weil wir es nicht gewohnt sind, Fragen so lange unbeantwortet zu lassen, bis wir verstanden haben, worum es dem anderen wirklich geht, lasse ich das in meinen Gruppen immer wieder üben. Dazu laden nervige Fragen ganz besonders ein. So reagierte eine Teilnehmerin schon leicht gereizt:

Ich kann diese blöde Frage *„Wieso isst du kein Fleisch?"* nicht mehr hören. Warum muss ich mich vor Gott und der Welt dafür rechtfertigen, dass ich Vegetarierin bin?

Spaßeshalber sind einige Gruppenteilnehmer mit ihr in ein spontanes Rollenspiel eingestiegen, und haben sie gebeten, genauso verärgert zu reagieren, wenn sie den Eindruck gewinnt, nicht respektvoll behandelt zu werden.

Wieso isst du kein Fleisch?

Ich habe noch nicht verstanden, worauf du hinauswillst.

Na ja, ich frage dich das, weil ich ja auch Vegetarierin bin und mich gern über die unterschiedlichen Motive austausche. Seit ich weiß, wie klimaschädlich Massentierhaltung ist, bin ich ganz weg vom Fleisch.

Das wusste ich gar nicht, dass Du auch kein Fleisch isst. Also, bei mir kam das vor acht Jahren...

Eine andere stieg identisch ein:

Wieso isst du kein Fleisch?

Das will ich dir gern beantworten. Ich weiß noch nicht, was dich genau interessiert.

Es ist nämlich so, dass ich irgendwie Argumente suche, weil ich vom Fleisch wegkommen möchte, aber mein Freund kann sich das noch nicht vorstellen. Und darum frage ich dich, vielleicht hilft mir das weiter.

Da gibt es für mich zwei Argumentationsstränge, den gesundheitlichen und den ökologischen...

Schließlich bat noch ein Dritter um ihre Reaktion:

Wieso isst du kein Fleisch?

Das kann ich dir gewiss erklären, sobald ich verstanden habe, worum es dir genau geht.

Ich würde gern von jemandem, der das schon eine Weile macht, erfahren, welche gesundheitlichen Aspekte man da beachten muss. Ich habe mal gehört, dass bestimmte Vitamine und Fettsäuren nur im Fleisch vorkommen.

Das wird von den Fleischbefürwortern gern angeführt, stimmt aber so gar nicht, denn in Wirklichkeit ...

Bei diesen drei Durchgängen hat die anfangs genervte Vegetarierin eingeräumt, dass es trotz der „blöden" Einstiegsfrage zu echten Dialogen kam, weil jede Frage passend erläutert wurde. Ihre Reaktion fiel jedoch ganz anders aus, als ein Vierter sie provozierte:

Wieso isst du kein Fleisch?

Fragender Blick.

Das ist doch gesund und schmeckt. Also, ich könnte nicht von Gemüse und Salat leben.

Du machst gerade deutlich, dass du gar nicht wissen willst, warum ich kein Fleisch esse, sondern du möchtest mich zu deinen Essgewohnheiten bekehren. Aus Gründen, die ich nicht kenne, fällt es dir schwer, meine Essgewohnheiten unkommentiert zu akzeptieren.

Das saß! Die Teilnehmerin war anschließend richtig stolz, auf diese Frage anders als genervt zu reagieren und bekam Applaus, weil alle in der Runde bewunderten, wie respektvoll sie trotz alledem reagiert hatte.

Dieses Kapitel wäre unvollständig, wenn ich nicht auch auf die unpassenden Fragen einginge, die wir als **übergriffig** erleben. Ganz gleich ob uns der andere unter Druck setzen möchte, prüfen will, wie wir auf Stress reagieren, überaus neugierig ist oder einfach kein Taktgefühl hat, wir lassen die Ver**antwort**ung beim anderen. Sobald der Fragende erklärt hat, was er mit seiner Frage eigentlich bezweckt, können wir entscheiden, ob und wenn ja, wie wir darauf reagieren wollen. Neben den bislang vorgeschlagenen Reaktionsmöglichkeiten kommt hier noch eine emotionale Wendung. Statt zu antworten, zeigen wir unsere Verblüffung:

- *Die Frage erstaunt mich.*
- *Sie fragen überraschend intim/privat/persönlich.*
- *Irgendetwas macht dich sicher, mich das fragen zu können.*
- *Mich verblüfft Ihre ungewöhnlich direkte Art.*
- *Mit dieser Frage habe ich nun gar nicht gerechnet.*

Es gibt keinen objektiven Maßstab, der darüber entscheidet, ob eine Frage übergriffig ist oder nicht. Es reicht vollkommen aus, dass wir es in diesem Moment so empfinden. Es geht ja schließlich um unsere persönlichen Grenzen und die werden durch die Frage bzw. die Art des Fragens verletzt. Nach meiner Erfahrung reagieren Gesprächspartner, die an einer positiven Entwicklung interessiert sind, verbindlich und einlenkend.

Sag mal, hast du eigentlich wieder zugenommen?

Deine Frage erstaunt mich.

Entschuldige, ich benehme mich manchmal wie ein Elefant im Porzellanladen. Dein Körpergewicht geht mich definitiv nichts an.

Bewerbungsgespräch:

Ich würde gern wissen, wer für Ihr heutiges Outfit verantwortlich ist, oder haben Sie sich das selbst überlegt?

Sie fragen überraschend persönlich.

(Lachend) Nein, ich wollte Sie nur aus der Reserve locken, um zu sehen, wie Sie reagieren.

Woran ist eigentlich Eure Ehe zerbrochen?

Irgendetwas macht dich sicher, mich so etwas fragen zu können.

Du hast recht, das ist daneben. Ich bin manchmal fürchterlich neugierig und dann platze ich mit solchen Fragen heraus. Echt peinlich.

Es gibt allerdings auch Zeitgenossen, die haben ein so dickes Fell, dass sie gar nicht merken, wie **übergriffig** sie vorgehen. Die bringen es glatt fertig, ihre Frage für eine zulässige Selbstverständlichkeit zu halten:

Wieso? Das war doch eine ganz normale Frage.

Das war doch nicht zudringlich/neugierig/daneben.

Ich habe doch nur ganz harmlos gefragt.

Wer daraufhin erklärt, warum er das doch für übergriffig hält, warum er nicht bereit ist, dieser Zudringlichkeit nachzugeben und weswegen die Frage für ihn alles andere als in Ordnung ist, tappt erneut in die Falle. Denn wer anfängt, sich zu erklären, lässt sich vom anderen führen und letztlich **vorführen.**

Auch hier gilt, dem Fragenden die Ver**antwor**tung bewusst zu machen und ihm zu zeigen, dass bislang eine Erklärung fehlt. Darum werden wir ihn weiterhin ernst nehmen und transparent machen, was hier gerade passiert:

- *Du hast mir immer noch nicht erklärt, worum es dir eigentlich geht.*
- *Aus irgendwelchen Gründen möchtest du nicht, dass ich verstehe, worauf du hinauswillst.*
- *Ich habe noch nicht verstanden, inwiefern Ihnen eine Antwort auf diese Frage weiterhilft.*
- *Sie möchten, dass ich antworte, auch wenn es mir ein Rätsel ist, was Sie konkret interessiert.*

Mir ist bewusst, dass dieses Vorgehen, den anderen mittels Aussagesätzen zum Reden zu bringen, für die meisten Leser erst einmal befremdlich ist. Für Sie kann es ein spannendes Experiment werden, wenn Sie in nächster Zeit vergleichen, wie Ihre Gesprächspartner reagieren, wenn Sie einmal direkt fragen, beispielsweise: *„Warum sagst du mir nicht einfach, worum es dir geht?"* und ein anderes Mal erlaubend reagieren: *„Du möchtest mir nicht erklären, was du mit deiner Frage bezweckst."* Ihr Gesprächserfolg und damit auch Ihr Wohlbefinden werden ganz wesentlich durch positive Erfahrungen beeinflusst. Was hier im Buch plausibel klingen mag, gewinnt erst durch Ihre Erfahrungen Substanz. Darum möchte ich Sie ermuntern, alles, was ich Ihnen vorschlage, kritisch zu prüfen.

Am Ende dieses Kapitels möchte ich noch einen Tipp darlegen, den ich meinen Studierenden für Examensgespräche gebe. Mündliche Prüfungen sind ja ein Frage-Antwort-Spiel. Warum der Prüfer fragt, ergibt sich aus dem Kontext und was er fragt, ergibt sich aus dem Prüfungsthema, das festgelegt ist. Für den Prüfling liegt es nahe, die Frage, wenn er sie denn verstanden hat, sogleich zu beantworten, um damit auch zu zeigen, wie sattelfest er in diesem Thema ist. Dennoch empfehle ich, vor der Antwort eine kurze Paraphrase einzulegen, d. h. mit eigenen Worten die Frage zu wiederholen. Auf diese Weise wird sichergestellt, die Frage auch wirklich verstanden zu haben. Erfolgt ein Kopfnicken oder ein kurzes „*Ja*", kann die Beantwortung der Frage starten. Ich konnte jedoch nur zu oft beobachten, und das wurde von meinen Examenskandidaten bestätigt, dass der fragende Prüfer seiner Frage zumeist noch weitere, ergänzende Informationen hinzufügt, was es allemal leichter macht, danach Stellung zu beziehen.

Dieses Kapitel hat Sie mit einer völlig neuen Verantwortung vertraut gemacht. Sie entscheiden bei jeder Frage, die Ihnen gestellt wird, ob Sie sogleich inhaltlich darauf eingehen wollen oder ob Sie den Fragenden auffordern, noch weitere Erklärungen zu seiner Frage zu ergänzen. Ganz gleich, ob Sie die Frage passend oder unpassend finden, ob Sie meinen, diese verstanden zu haben oder auch nicht, es bleibt Ihre Entscheidung, anders zu reagieren, als Ihnen das durch das vertraute Frage-Antwort-Muster nahelegt wird.

Weil es einen Unterschied macht, ob man etwas theoretisch verstanden hat oder es auch umsetzen bzw. anwenden kann, biete ich Ihnen zum Schluss dieses Kapitels acht Fragen an, bei denen Sie alternative Reaktionsmöglichkeiten testen können.

Um sich besser in die jeweilige Situation hineindenken zu können, habe ich eine Rollenbeschreibung vorangestellt. Versuchen Sie so zu reagieren, dass Sie nicht sofort auf den Inhalt eingehen. Spielen Sie den Ball zurück, damit der Fragende sich erst einmal erklärt.

1. Arzthelferin, 28 Jahre, teilt aus Gründen der Loyalität Ihrem Chef mit, dass sie im zweiten Monat schwanger ist und erhält zur Antwort: „*Musste das sein?*“
2. Ehemann, 35 Jahre, acht Jahre verheiratet, bringt am Freitagabend seiner Frau einen wunderschönen Blumenstrauß mit. Statt sich zu bedanken, fragt sie: „*Hast du ein schlechtes Gewissen?*“
3. Nach dem Sporttraining beim gemeinsamen Bier fragt einer der Vereinskameraden: „*Warum geht ihr im Urlaub eigentlich immer an denselben Ort? Wird es dir da nicht irgendwann mal langweilig?*“
4. Während eines Vorstellungsgesprächs: „*Gesetzt den Fall, Sie hätten Personalverantwortung, was würde Ihnen dabei am meisten Kopfzerbrechen bereiten?*“
5. Eine Mutter zu ihrem erwachsenen, berufstätigen Sohn (34 Jahre): „*Findest du nicht, dass du zu viel arbeitest? Wie willst du denn jemanden kennenlernen, wenn du immer nur an deinem Schreibtisch hockst?*“
6. Lehrer zu einer 18-jährigen Schülerin: „*Wollen Sie wirklich studieren? Wäre etwas Praktisches nicht besser für Sie?*“
7. Vorgesetzter blättert die Präsentationsunterlagen eines Mitarbeiters (36 Jahre, seit zwei Jahren in der Abteilung) durch und fragt: „*Warum arbeiten Sie eigentlich immer noch mit PowerPoint und nicht mit einem Grafik-Tablet?*“
8. Was fällt Ihnen daran eigentlich so schwer?“

Für die vorangegangenen Übungsbeispiele gibt es keine „richtige" Lösung. Es ging mehr darum, mit den eigenen Reaktionsmöglichkeiten zu experimentieren. Der fragende Blick passt in jedem Fall bei allen Beispielen. Ich biete Ihnen noch weitere Möglichkeiten an:

1. Musste das sein?

Ich habe Ihre Frage in diesem Zusammenhang noch nicht verstanden.

Oder: Ihre Frage erstaunt mich.

2. Hast du ein schlechtes Gewissen?

Gern möchte ich verstehen, was dich zu dieser Frage veranlasst.

Oder: Ich wollte dir eine Freude machen und bin mit dieser Frage einigermaßen vor den Kopf gestoßen.

Oder noch direkter: Du hast mir noch nicht erklärt, worauf du eigentlich hinauswillst.

3. Warum geht ihr im Urlaub eigentlich immer an denselben Ort? Wird es dir da nicht irgendwann mal langweilig?

Du möchtest, dass ich dir das erkläre.

Oder: Ich bin mir unsicher, ob du meine Antwort wirklich wissen willst, denn für dich scheint so etwas ausgeschlossen zu sein.

4. Gesetzt den Fall, Sie hätten Personalverantwortung, was würde Ihnen dabei am meisten Kopfzerbrechen bereiten?

Bevor ich loslege, möchte ich gern noch wissen, welcher Bereich schwieriger Personalführung Sie besonders interessiert.

Oder: Wenn Sie mir noch sagen, ob ich mehr auf Regelverletzung oder mehr auf Minderleistung eingehen soll, wäre mir geholfen.

5. Findest du nicht, dass du zu viel arbeitest? Wie willst du denn jemanden kennenlernen, wenn du immer nur an deinem Schreibtisch hockst?

Ich vermute, ich soll das nicht als Frage, sondern als gutgemeinten Vorschlag verstehen.

Oder: Du kannst mir bestimmt erklären, worum es dir eigentlich geht.

6. Wollen Sie wirklich studieren? Wäre etwas Praktisches nicht besser für Sie?

Mit dieser Frage habe ich ja nun überhaupt nicht gerechnet.

Oder: Gern möchte ich verstehen, worauf Sie hinauswollen.

7. Warum arbeiten Sie eigentlich immer noch mit PowerPoint und nicht mit einem Grafik-Tablet?

Sie erwarten von mir eine Begründung.

Oder: Ich möchte gern verstehen, was Sie gerade von mir erwarten.

8. Was fällt Ihnen daran eigentlich so schwer?

Ich bezweifle, dass Sie gerade tatsächlich eine Erklärung von mir hören möchten.

Oder: Mich verblüfft Ihre ungewöhnlich direkte Art.

Um Routine zu bekommen, auf Fragen erst zu antworten, wenn Sie diese verstanden haben, kann es Ihnen helfen, in alltäglichen Situationen mit Menschen, die Sie gar nicht kennen, alternative Reaktionen auszuprobieren. Meine Teilnehmer berichten immer wieder, wie sie im Bus, im Supermarkt, beim Kleiderkauf oder beim Frisör, beim Arzt etc. ausprobiert haben, anders zu reagieren, als sie das bislang getan hatten.

Am Ende dieses Kapitels drucke ich Ihnen die Reaktion einer Leserin ab, die kopfschüttelnd meinte: „*So würde ich niemals auf eine ungehörige Frage antworten. Damit stoße ich doch den anderen nur vor den Kopf.*“ Das hat mich neugierig gemacht: „*Wenn Sie sagen ‚ungehörige Frage‘, löst das in Ihnen in jedem Fall etwas aus.*“ Prompt kam die Erklärung: „*Klar, eine dreiste Frage stößt mich auch vor den Kopf. Aber das berechtigt mich noch lange nicht, den anderen zu brüskieren.*“ Ich konnte mir meine Reaktion nicht verkneifen: „*Mit anderen Worten: Ehe Sie jemand anderen vor den Kopf stoßen, lassen Sie sich lieber selbst vor den Kopf stoßen.*“ Ihre nachdenkliche Antwort lautete: „*Stimmt. Wahrscheinlich bin ich es gewohnt, zurückzustecken. Ich bin halt so erzogen, möglichst immer liebenswürdig zu reagieren.*“ Um der Leserin mein Wohlwollen zu zeigen, erwiderte ich: „*Dann kann ich nachvollziehen, wie sehr Sie dieses Kapitel verwirrt. Plötzlich nicht mehr liebenswürdig auftreten zu sollen, raubt Ihnen ja auch ein Stück vertrauter Sicherheit. In jedem Fall bleibt es auch zukünftig ganz allein Ihre Entscheidung, wann Sie einstecken wollen und wann es Ihnen zu viel wird.*“

2. Kapitel

Fragen passend stellen

Ging es im vorangegangenen Kapitel um den Antwortenden, so kommt jetzt der Fragende in den Blick. Zunächst untersuche ich, was das Fragen so attraktiv macht. In einem nächsten Schritt zeige ich, wie wir unsere Fragen erklären können, um den Befragten in unsere Gedanken einzubeziehen. In diesem Zusammenhang mache ich den Unterschied zwischen authentischer und gespielter Neugier deutlich. Schließlich geht es noch um dialogförderliche Frageerklärungen und Sie erhalten am Kapitelende die Möglichkeit, auszuprobieren, wie leicht es Ihnen fällt, Fragen so zu begründen, dass daraus ein wirkliches Gespräch entstehen kann.

Im ersten Kapitel haben wir uns ausführlich mit der möglichen Wirkung von Fragen befasst. Fragen können unpassend und unwillkommen sein, bei manchen fühlt man sich genervt, bei anderen bloßgestellt, vorgeführt oder in die Enge getrieben. Um mit unseren Fragen beim Befragten auf eine positive Resonanz zu stoßen, gilt es, bestimmte Regeln zu beachten, die ich in diesem Kapitel ausführen möchte.

Doch zuvor will ich herausarbeiten, was das Fragen so beliebt macht. Die folgenden vier Seiten sind mehr ein theoretischer Exkurs, in dem ich verschiedenste Quellen auf die Bedeutung und die Macht des Fragens untersuche. Dieser Abschnitt ist für Leser geschrieben, die gern die Hintergründe meines Ansatzes nachvollziehen wollen. In der Mitte von Seite 35 geht es mit der Anwendung weiter.

Es wird gern behauptet, dass das Fragen ein Universalwerkzeug sei, um andere zum Reden zu bringen, Interesse zu zeigen, Sachverhalte zu klären, Zeit zu gewinnen, anzugreifen, sich zu verteidigen und vieles mehr. Ungezählte Seminare vermitteln, wie man mit einer guten Fragetechnik noch mehr Erfolg im Alltag hat.

Das Fragen ist auch ein wichtiges pädagogisches Mittel der Schule. Legionen von gelehrten Schulräten und Lehrern haben sich die Köpfe darüber zerbrochen und Berge von Büchern zum Thema geschrieben, wie eine Frage optimal formuliert sein muss. Regt sie doch – alte Weisheit – den Schüler zum Denken an, muntert ihn zur Selbsttätigkeit auf und fördert das Sprechen. Bei all dieser Weisheit wurde jedoch nicht bedacht, wie sehr die **Frageform** den Weg und das Ziel vorgeben kann. Das Denken des Befragten muss sich oft zwangsläufig am Fragenden orientieren, es führt somit häufig vom eigenen Denken weg. Dieses sokratische Fragen vertiefe ich auf Seite 62.

Dies geschieht noch viel stärker im therapeutischen Kontext. Der Begründer der klientenzentrierten Gesprächspsychotherapie, *Carl Rogers*, weist kritisch darauf hin, dass die vielen Fragen erst einmal zeigen, wie wenig der Therapeut dem Klienten zutraut und wie gering er dessen Fähigkeiten zur Problemlösung erachtet. Durch das Fragen nimmt der Therapeut die Gesprächsführung in die Hand, was zwar die Therapie strukturiert, dadurch aber den Klienten in seiner Freiheit einschränkt. Dieser wird zum Objekt einer diagnostizierenden Betrachtung, durch Abfragen von Fakten und Symptomen, die der Wissensvermehrung des Therapeuten dienen und jenem leicht zum überlegenen Gefühl des Alles-Wissens verhelfen. Die Frage erscheint wie ein bedrängender Helfer des Therapeuten, oder wie *Fritz Perls*, der Begründer der Gestalttherapie es drastisch formuliert, als „*mindfucking*". Was macht nun das Fragen so ungebrochen beliebt?

Wer fragt, hat noch nichts gesagt, hat noch nicht Stellung bezogen. Es heißt nicht umsonst: „*Wer fragt, lügt nicht.*" Interessanterweise gilt das nicht fürs Schweigen. Die Redewendung „*Wer schweigt, lügt nicht.*" existiert nicht in unserer Sprache. Man spricht sogar von einem vielsagenden oder auch von einem beredten Schweigen, wenn beispielsweise in einem Arbeitszeugnis über Leistungen geschwiegen wird, obgleich diese als üblich anzusehen sind.

Das Fragen eignet sich vorzüglich, um jegliche Stellungnahme zu vermeiden, gleichzeitig jedoch diese vom andern einzufordern oder den anderen gleich selbst infrage zu stellen.

Dies ist auch die Basis des Turandot-Motivs. Die blutrünstige, chinesische Prinzessin *Turandot* vermeidet jegliche persönliche Stellungnahme zu den um ihre Hand anhaltenden Freiern. Sie will partout nicht heiraten. Statt jedoch ihren Willen kund zu tun und aller Welt zu erklären, dass es zwecklos sei, um sie zu werben, weil sie niemals heiraten werde, erfindet sie ein Spiel: Wer um ihre Hand anhält, muss drei Fragen richtig beantworten. Sie fragt und lässt nach Ausbleiben der richtigen Antwort den Freier köpfen. Selbst als Prinz *Calaf* alle ihre Fragen richtig beantwortet, bestürmt sie ihren Vater, die Regeln nicht gelten zu lassen, damit das Fragespiel kein Ende hat und ihr die Wirklichkeit der realen Auseinandersetzung mit ihrem zukünftigen Ehemann erspart bleibt. Solange das Fragespiel funktionierte, wähnte sie sich sicher. Doch als das Fragen vorbei war, musste sie Stellung beziehen, also etwas über sich und ihre Wünsche sagen.

Das ist nicht nur im Theater bzw. der Oper so, schon *Aristoteles* bezeichnet in der Topik den Fragenden als den im Gedankenkampf Angreifenden. Wer stets fragend den anderen weiter bedrängt, bestimmt nicht nur den Verlauf des Gesprächs, sondern hat auch **Macht.** Das ist ein weiterer Punkt, warum das Fragen so beliebt ist.

Märchen wie *Rumpelstilzchen*, *Das Rätsel* oder *Das Hirtenbüblein*, aber auch der *Ödipusmythos* oder der Fragestreit zwischen *Odin* und dem Riesen *Wafthrudnir* zeigen, wie Macht über andere der gewinnt, der zu fragen versteht. Man muss den anderen infrage stellen und verhindern, dass dieser andere seinerseits Fragen stellt. Ein klassisches Beispiel für ein derartiges Frageverbot findet sich im *Parzivalepos*, wenn *Lohengrin* am Vorabend seiner Hochzeit mit *Elsa von Brabant* fordert:

„Nie sollst du mich befragen, noch Wissens Sorge tragen,

woher ich kam der Fahrt, noch wie mein Nam' und Art."

Statt der gängigen Interpretation, dass *Lohengrin* sich durch dieses Frageverbot aus der Fraglichkeit des menschlichen Daseins heraushalte, biete ich eine kommunikationspsychologische Erklärung: Im Alltagsdeutsch sagt *Lohengrin*: *„Ich wünsche mir für unsere Ehe, dass du sagst, was dich beschäftigt und mich nicht fragst. Wenn du dich mitteilst, kann und werde ich auf dich reagieren. Solltest du mich fragen, ohne dich selbst mitzuteilen, ohne dich einzubringen, wäre das für mich ein Beziehungsabbruch und auch das Ende unserer Liebe."* Diese Liebesgeschichte endet in einem erneuten „Sündenfall", in dem *Lohengrin* auf seinem Schwanenschiff in die Fraglosigkeit des paradiesischen Grals zurückgleitet und die beschämte *Elsa* mit zwei Kindern in einer fragwürdigen Wirklichkeit zurücklässt.

Eine Parallele findet sich in *Saint Exupérys Kleinem Prinzen*, der keine der ihm gestellten Fragen beantwortet und dadurch einen Zustand von Fraglosigkeit für sich schafft. Der *Kleine Prinz* schafft es, aus dem **Muster von Frage und Antwort** auszubrechen und für sich in Anspruch zu nehmen, dass Fragen unbeantwortet bleiben. Denn „der Frager macht sich durch die Frage zum Herrn. Das Befragtwerden macht aus dem anderen einen Knecht."[1] Fragen sind fähig, das Selbstbewusstsein aufzuheben. Das Fragen erzeugt jenes Phänomen, das *Hegel* als Selbstentfremdung bezeichnet hat.

Im Krimi können wir beobachten, wie Kommissare unwirsch reagieren, wenn der Befragte eine Gegenfrage stellt: *„Wer fragt? Sie oder ich? Beantworten Sie bitte meine Frage!"* Der Kommissar will nicht, dass der Verhörte ihn gleichsam mit Fragen führt. Bei Seminaren mit Anwälten konnte ich wiederholt erleben, dass das Interview mit einem Verhör verwechselt wird und Verunsicherung entsteht, wenn der Befragte seinerseits Fragen stellt.

Wenn Sie das Alte Testament und dort die Klagen Israels an Gott anschauen, wird deutlich, wie aggressiv Fragen formuliert werden können, beispielsweise:

Wie lange verbirgst du dein Antlitz vor mir? (Ps. 13, Vers 2)

Warum schläfst du? (Ps. 24, Vers 23)

Wie lange soll ich schreien, und du willst nicht hören? (Habakuk 1/2).

Eine weitere Form fragender Aggressivität kann dem Deutschen Rechtswörterbuch entnommen werden, wo von einem Frag-Herrn gesprochen wird, der Knechten an der Fragstatt nach getaner Arbeit ihren Fraglohn auszahlte. Gemeint sind damit Inquisitor, Folter und Folterknecht.

Es gibt zu denken, dass im Lateinischen „adrogare" sowohl „noch einmal fragen" als auch „etwas Fremdes für sich beanspruchen" bedeutet. Die Partizipialform „adrogans" erhielt später die Bedeutung von anmaßend, doch kaum jemand wird bei Verwendung des Wortes „Arroganz" ans Fragen und seine latente Aggressivität denken.

Nach diesem Exkurs möchte ich noch einmal an das vorangegangene Kapitel anknüpfen. Es handelte von der bedrängenden und beschämenden Wirkung zudringlicher, indiskreter und besitzergreifender Fragen. Doch auch die schlichten **Informationsfragen** sind in vielen Fällen unecht; sei es, dass sie helfen, eine persönliche Aussage zu vermeiden, sei es, dass sie indirekte Ansprüche an den anderen stellen.

Fragen geben nichts preis.

Fragen bewahren nicht nur vor der persönlichen Stellungnahme, Fragen bewahren auch vor dem Tun.

Vielleicht ging es Ihnen in Ihrer Schulzeit ähnlich wie mir. Wenn ich schlecht vorbereitet war, konnte ich durch geschickte Fragen meine Unwissenheit verbergen und so dem Befragt-Werden zuvorkommen. Selten erlebe ich so viele scheinbar harmlose Informationsfragen zu Ablauf und Organisation, wie in den Seminarsituationen, in denen ich die Teilnehmer auffordere, mit einer Übung zu beginnen, einen Test zu machen oder sonst wie zu handeln. *Ruth Cohn* fordert in einem ihrer Axiome für die themenzentrierte Interaktion: „Authentische Informationsfragen werden durch die Gründe für die Informationswünsche persönlicher und klarer."[2] Sie begründet das damit, dass Fragen unecht sind, wenn diese kein nachvollziehbares Verlangen nach Information ausdrücken. Sie bietet drei Erklärungen an, warum Fragen dennoch so häufig eingesetzt werden:

- Sie können ein Vermeidungsspiel sein, um keine eigenen Erfahrungen zu machen.
- Sie können auch dazu dienen, eigene Erfahrungen zu verschweigen.
- Und manche benutzen die Frage als Werkzeug inquisitorischer Machtkämpfe. Das Interview ersetzt dann den Dialog.

Auch die knappen Informationsfragen, wie beispielsweise

Wo warst du?

Wohin gehst du?

Mit wem hast du telefoniert?

Wie lange spielst du am Computer?

Was habt Ihr am Wochenende vor?

vermeiden eine persönliche Stellungnahme, verdecken die eigene Neugier oder möglichen Argwohn und Zweifel; sie schieben dem Befragten den „schwarzen Peter“ zu. Jeder wird das Bedrängende dieser Fragen schon erlebt haben, die umso mehr beschämen, je weniger man geneigt ist, diese zu beantworten.

Aron Ronald Bodenheimer führt dieses Bedrängt-Werden an der „*Liebst-du-mich*-Frage“ treffend aus:

„Wenn ich dich liebe, fragst du mich nicht: liebst du mich? Wenn du fragst, hast du Zweifel – aber Angst, den Zweifel laut werden zu lassen. In der Äußerung von Zweifel bekundest du, dass Zweifel möglich oder am Platz ist; vermittels der Frage jedoch machst du mich zum Gegenstand deines Zweifels, ohne dass du das sagst. Dich ziehst du heraus aus der Frage und lässt offen, ob du selbst liebst; durch deine Frage verschweigst du das wesentliche: ob du liebst und wen.“[3]

Fragen können dazu dienen, sich den Gesprächspartner „verfügbar“ zu machen, denn dieser soll sich ja erklären. Wer fragt, will besitzen und sich die Antworten des anderen aneignen. Gleichzeitig distanziert sich der Fragende vom anderen, denn er bringt sich selbst nicht ein, teilt nichts von sich mit. Darin liegt die besondere Chance, sich mittels Fragen die Welt zu erschließen, ohne Anteil zu nehmen und ohne etwas zu geben.

Es geht nun keineswegs darum, das Fragen als grundsätzlich schlecht darzustellen, sondern darum, eine Gesprächskultur zu fördern, bei der die Fragen nicht zu einer Belastung der Beziehung werden. Wissenschaft und Technik bedürfen distanzierter Beobachtung und damit einhergehender Fragen. Unser technischer Fortschritt wäre ohne analytisches Fragen nicht vorstellbar, ja unsere ganze Kultur fußt darauf, uns distanzieren zu können, um dann über das zu verfügen, was wir uns verstehbar gemacht haben. Es macht aber einen gewaltigen Unterschied, ob wir unsere persönlichen Beziehungen nach den gleichen Prinzipien gestalten wie technische Abläufe. Das, was eine Beziehung zum Schwingen bringt – in diesem Zusammenhang wird auch von **Resonanz** gesprochen –, ist gerade die Nicht-Verfügbarkeit über den anderen. Wer genau weiß, wie sein Gegenüber reagiert, verfügt zwar über ihn und seine Reaktionen, besitzt aber auch keinerlei Neugier mehr, weil es nichts mehr gibt, was überraschen könnte. Zur Resonanz gehört die Unverfügbarkeit über den anderen, weil nicht vorhersehbar ist, was genau herauskommen wird.

Beziehungen, die auf Resonanz aufbauen, haben immer ein Moment der Unsicherheit. Wir können uns für den anderen öffnen, aber wir können seine Reaktionen nicht zweifelsfrei vorhersagen, geschweige denn erzwingen.

Vielleicht klingt es in Ihren Ohren leicht abgehoben: Wer sich auf diese Art Beziehung einlässt, wird beschenkt und muss es auch aushalten, sich beschenken zu lassen. Ich räume ein, dass es für manche Leser arg idealistisch klingt, eine unerwartete, vielleicht sogar befremdliche oder gar verstörende Reaktion als Geschenk zu begreifen. Einen anderen Menschen verstehen zu wollen, beinhaltet erst einmal die Herausforderung, das Anderssein des anderen als Bereicherung und nicht als Bedrohung zu empfinden. Die Diskussion um **Inklusion** und **Diversity** zeigt, wie ungewohnt dieser Blick ist. Wer nämlich diese Unsicherheit nicht aushält, wird auf Kontrolle setzen und sich bemühen, sich den anderen verfügbar zu machen, auch um den Preis, den anderen genau dadurch zum Verstummen zu bringen. Im nächsten Kapitel will ich dies noch näher erläutern.

Wer mit der neuen Fragetechnik den anderen befragt, muss sich Rechenschaft ablegen, worum es genau geht. Wer den anderen verstehen und das Verhalten des anderen nachvollziehen will, wird nicht nur berührt, sondern verändert dabei auch seine bisherige Sicht. Sie kennen das, wenn wir erhellend *„Ach, so ist das"* sagen und im Moment des Verstehens etwas oder jemand plötzlich in anderem Licht erscheint. Interessanterweise benötigen wir dafür keine Fragen.

Ein simpler Aussagesatz bringt den anderen viel schneller zum Sprechen, beispielsweise:

- *Ich möchte gern verstehen, was dir daran so wichtig ist.*
- *Ich habe noch nicht verstanden, was du erreichen willst.*
- *Ich möchte gern begreifen, was dich gerade so aufregt.*
- *Ich versuche nachzuvollziehen, worauf es dir gerade ankommt.*
- *Ich tue mich gerade schwer, nachzuempfinden, was konkret dagegenspricht.*

Ich möchte Sie ermuntern, auszuprobieren, wie sich ein Dialog gestaltet, wenn Sie eine dieser Formulierungen verwenden.

Das Fragen steht also gegen das Sagen. Sagen kostet vielfach Überwindung, bedeutet ein sich Vorwagen. Sagen geht mit Ungewissheit einher, mit dem Risiko des Missverständnisses oder der peinlichen Situation des Abgelehnt- oder gar Zurückgewiesenwerdens. Die Tanzaufforderung „Darf ich bitten?" erfordert weniger Mut, als der offen geäußerte Wunsch: „Ich möchte gern mit Ihnen tanzen."

So betrachtet, dient das reine Fragen der Risikominimierung und stützt das Sicherheitsbedürfnis des Fragenden. Kommt dennoch eine unerwartete Antwort, können Sie überprüfen, wie Fragende dazu neigen, mit weiteren Fragen wieder in die ihnen vertraute Richtung zurückzukommen. Dafür muss allerdings ein hoher Preis bezahlt werden: Wer kein Wagnis eingeht, lernt nichts Neues kennen und wird nur das an sich heranlassen, was vertraut ist. Das Spontane einer Begegnung wird dabei ausgeschlossen.

Doch das Fragen lässt sich mit dem Sagen verknüpfen. Denn wer seine Fragen erklärt, teilt erst einmal etwas über sich und seine Motive mit. Damit tritt der Fragende in eine Art Vorleistung. Der Befragte kann sich durch diese Äußerung nicht nur ansprechen, sondern eben berühren lassen, indem für ihn spürbar wird, was den Fragenden zu seiner Frage gebracht hat. Stellen wir uns vor, wie anders das Gespräch verlaufen würde, wenn statt der *„Liebst du mich?“*-Frage erst einmal eine Aussage kommt:

Ich bin unglücklich. Ich fühle mich seit einiger Zeit unsicher und weiß gar nicht mehr, was ich dir bedeute. Irgendwie fühle ich mich gar nicht mehr gesehen. Alles dreht sich seit Wochen nur noch um deine Arbeit, ohne dass du erzählst, was dich so in Beschlag nimmt. Ich kann darum auch nicht teilnehmen, an dem, was für dich gerade so wichtig ist. Mich macht das fürchterlich traurig. Und darum will ich dich ganz direkt fragen: Wie geht es dir mit uns? Oder noch direkter: Liebst du mich?

Dieser Einstieg ist keine Garantie für ein harmonisches Zusammenfinden. Doch ist die Wahrscheinlichkeit für ein klärendes Gespräch allemal größer.

Beziehungsfördernde Fragen haben immer eine Erklärung.

Nur, wenn es uns gelingt, dem Befragten zu verdeutlichen, worauf unsere Frage eigentlich abzielt, werden wir zu Antworten kommen, die einen Dialog erst ermöglichen.

Und umgekehrt können wir verallgemeinern, dass Fragen, die ohne Begründung daherkommen, den Befragten zu Interpretationen nötigen. Diese können richtig sein, aber genauso gut komplett daneben liegen. Dabei können wir beobachten, dass Menschen, die sich schon lange Zeit kennen, ihre Fragen selten erläutern, weil sie davon ausgehen, dass der Kontext selbsterklärend sei oder weil sie für sich in Anspruch nehmen, dass sie aufgrund ihrer Rolle bzw. Position es nicht nötig haben, den Zweck ihrer Fragen zu begründen.

Wenn wir unsere Fragen erklären, werden wir zwangsläufig feststellen, dass hinter etlichen Fragen Absichten stecken, die wir nicht so ohne weiteres transparent machen wollen, wie z. B. Neugier oder Kontrolle, aber auch Gefühle wie Zweifel, Sorge, Angst oder Scham. Es würde schon einigermaßen ungewöhnlich wirken, wenn Fragen derart erläutert würden:

Wo warst du? Ich frage das so direkt, weil ich einfach neugierig bin.

Wann kommst du? Ich möchte nur kontrollieren, ob du dich erinnerst, dass heute Elternabend ist.

Wohin gehst du? Ich will wissen, ob du dich wieder mit diesen Typen triffst, die dich schon mal reingeritten haben.

Willst du so dorthin gehen? Ich frage das, weil es mir peinlich wäre, wenn du in der Öffentlichkeit so herumläufst.

Wer es jedoch ehrlich meint und mit seinen Fragen in einen echten Dialog eintreten will, geht dennoch das Risiko ein, dass die Begründungen geprüft werden. So erging es einem Vater mit seinem 17-jährigen Sohn in folgendem Beispiel:

Hast du deine Hausaufgaben gemacht? Ich frage das, weil ich mir seit geraumer Zeit Sorgen mache, dass du die Schule auf die leichte Schulter nimmst.

Weshalb machst du dir Sorgen? Bislang bin ich allein über die Runden gekommen und noch keinmal sitzen geblieben.

Wieso lernst du nicht mehr? Du hast in Französisch eine vier und das ist nun wirklich nicht nötig. Soll ich dich Vokabeln abfragen? Das würde dir beim nächsten Test bestimmt helfen.

Warum kannst du mich nicht einfach in Ruhe lassen? Du könntest ja auch stolz darauf sein, wie locker und leicht ich die Schule nehme.

Willst du denn nichts erreichen? Hast du denn keine großen Ziele? Es gibt im Leben doch mehr als nur knapp über die Runden zu kommen.

Ist es das, was du mir eigentlich vermitteln willst? Du möchtest, dass ich mir an dir ein Beispiel nehme. Es geht dir gar nicht um die Schule.

Menschenskind, warum geht das nicht in dein Hirn? Es geht doch um Eigenverantwortung und Selbständigkeit. Wie willst du das denn lernen, wenn du immer nur den Weg des geringsten Widerstandes gehst?

Okay, ich verstehe: Ich werde am schnellsten selbständig und eigenverantwortlich, wenn ich genau das tue, was du für richtig hältst. Im Philosophiekurs haben wir gelernt, dass man das eine Paradoxie nennt.

Jetzt sei doch nicht so spitzfindig. Ich meine es doch nur gut mit dir. Über kurz oder lang bist du erwachsen und dann musst du allein klarkommen.

Das tue ich bereits heute. Tatsache ist, dass du nicht akzeptieren willst, wie ich meine Entscheidungen hinsichtlich Schule fälle. Ich soll dir vertrauen, gleichzeitig hast du kein Vertrauen in mich. *Usw.*

In diesem Dialog erläutert der Vater nur seine Einstiegsfrage *(mache mir Sorgen)*, ab da fragt er nur noch in seinem Sinn.

Wer Fragen stellt, hat Erwartungen an die Antwort. Und Erwartungen können erfüllt werden oder auch nicht. Die Antwort kann den Fragesteller zufrieden stellen oder nicht. Da sich die Befragten möglicherweise überlegen, welche Erwartungen hinter der Frage stehen, kann das ihre Antwort beträchtlich beeinflussen. Denn:

Fragen sind mit bestimmten Erwartungen verbunden.

Wenn Sie Ihre Erwartungen unaufgefordert mitteilen, muss der andere nicht mutmaßen, worauf Sie hinauswollen.

Am Rande erwähnen möchte ich die Tatsache, dass Kinder noch ausgesprochen feinfühlig erfassen, wann und wodurch sie Eltern oder ihre Lehrer bzw. Erzieherinnen enttäuschen. Viele Kinder versetzt ihr Scheitern in Stress, weil sie spüren, wie sie die Erwartungen anderer enttäuschen. Hier finden wir eine Erklärung für das zurückhaltende, abwartende Schweigen vieler Kinder, die herausgefunden haben, dass sie nichts falsch machen, wenn sie erst einmal gar nichts antworten.

Je nach Kontext bestimmt der Wunsch, den Fragenden nicht zu enttäuschen und mit der Antwort in einem guten Licht oder liebenswert zu erscheinen, die tatsächliche Reaktion. Ob der Fragende durch derart „geschönte" Antworten wirklich zufriedengestellt wird, müsste genauer geprüft werden. Ist er jedoch mit sich und weiteren Fragen beschäftigt, fällt ihm womöglich gar nicht auf, wie angepasst die Antworten erscheinen.

Wollen wir verhindern, dass der Befragte über mögliche Erwartungen seitens des Fragenden spekuliert, bleibt nur ein Ausweg: Das eigentliche Interesse, das zu der Frage geführt hat, muss nicht nur mitgeteilt werden, die damit verbundenen Erwartungen sollten ebenso deutlich werden. Dabei können wir davon ausgehen, dass mit jeder Frage auch Gefühle des Fragestellers transportiert werden. In diesen spiegeln sich seine individuellen Erwartungen wider. Natürlich wäre es für gelingende Gespräche vorteilhaft, wenn die Beteiligten über reflektierte und geklärte Gefühle verfügen könnten, ein zwar schwer zu realisierender, jedoch anzustrebender Zustand.

In dem vorangegangenen Vater-Sohn-Gespräch wurde ja deutlich, wie wenig der Vater über seine tatsächlichen Sorgen und Nöte reflektiert hat. Wie anders wäre das Gespräch verlaufen, wenn der Vater sich in das Gespräch erklärend eingebracht hätte:

Hast du deine Hausaufgaben gemacht? Ich frage das, weil ich mir Sorgen mache, dass du die Schule auf die leichte Schulter nimmst.

Weshalb machst du dir Sorgen? Bislang bin ich allein über die Runden gekommen und noch keinmal sitzen geblieben.

Stimmt. Ich merke gerade, dass ich dich mit meiner Fragerei nerve. Ich möchte gern verstehen, wieso dich deine Französisch-Vier nicht kratzt. Ist es kein Bock auf Französisch? Ist es fehlender Ehrgeiz? Ist es keine Zeit, weil dir anderes wichtiger ist oder was ist es? Darf ich das denn wenigstens verstehen wollen?

Schon okay. Es stimmt, ich habe keinen Bock. Nicht nur keinen Bock auf Französisch, sondern überhaupt auf Schule. Keine Sorge, ich ziehe das noch bis zum Ende brav durch und ich werde mein Abi im ersten Anlauf schaffen. Da ich eh nicht studieren will, brauche ich auch keine guten Noten. Kannst du das akzeptieren?

Wenn ich ehrlich bin, muss ich dir gestehen, dass mir das verflixt schwerfällt. Du gestaltest dein Leben so ganz anders, als ich das für richtig halte, da komme ich echt an meine Grenzen.

Das glaube ich dir. Die Frage ist doch, ob du mich nur dann akzeptieren kannst, wenn ich deinen Vorstellungen entspreche und meine Entscheidungen in deinem Sinne treffe.

Du kannst einen ganz schön konfrontieren. Aber mir wird auch gerade etwas klar: Wenn ich enttäuscht bin, wie du dich verhältst, hat das eigentlich überhaupt nichts mit dir zu tun. Ich habe mir ein Bild gemacht, wie ich meinen Sohn gern hätte und wenn er diesem Bild nicht entspricht, dann wird es höchste Zeit, das Bild zu ändern. Ich hoffe, du kannst es mir nachsehen, dass es auch bitter ist, sich von einer liebgewonnenen Vorstellung zu verabschieden.

Wow! So kenne ich dich ja gar nicht…

Es heißt ja: „*Wer fragt, hat noch nichts gesagt.*" Wohin das führen kann, habe ich dargestellt. Wollen wir Fragen passend stellen (so der Kapiteltitel), bleibt nur der Weg übers Sagen. Erklärt der Fragende, was ihn beschäftigt, was und warum ihn etwas interessiert und mit welchen Erwartungen er an seinen Gesprächspartner tritt, ehe er seine konkrete Frage formuliert, dann erhöht sich die **Zuhörbereitschaft** und die Wahrscheinlichkeit für einen Dialog wächst.

Dabei kann unsere Erklärung kausal, also rückwärtsgewandt die Ursache für die Frage begründen oder final, d. h. vorwärtsgewandt erklären, worauf die Frage abzielt. Übertragen auf einen Zeitpfeil sieht das dann so aus:

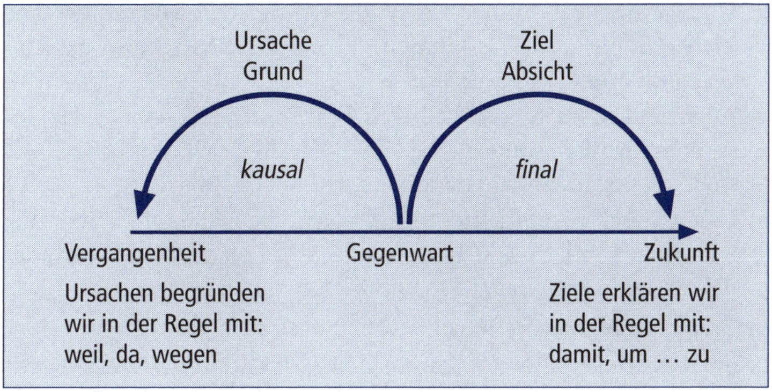

Da Ursachen in der Vergangenheit liegen und damit etwas Unveränderliches begründet wird, wirken derartige Erklärungen weniger dialogförderlich als eine Offenlegung der eigenen Absichten und Ziele, denn diese, weil in der Zukunft liegend, sind ja durchaus noch änderbar. Sie mögen gerade prüfen, welche Frage Sie eher einlädt, freimütig zu reagieren:

Hast du den neuen Roman von *Bernhard Schlink* gelesen? Ich frage das, weil ich finde, dass die Männerfiguren darin schlecht wegkommen.

Hast du den neuen Roman von *Bernhard Schlink* gelesen? Ich frage das, damit mir jemand erzählt, worum es in diesem „*Olga*-Roman" eigentlich geht.

Ich möchte hinzufügen, dass wir umgangssprachlich und erst recht im Dialekt das „weil" auch verwenden, wenn wir über Absichten und Ziele sprechen und den Blick in die Zukunft richten:

Hast du den neuen Roman von *Bernhard Schlink* gelesen? Ich frage das, weil ich mich gern mit jemandem darüber austauschen möchte.

Mit folgenden Gedanken schließe ich dieses Kapitel ab:

- Um ein Gespräch in die gewünschte Richtung zu lenken, müssen nicht die richtigen Fragen, sondern die Fragen richtig gestellt werden.
- Nicht die richtigen Fragen öffnen verschlossen geglaubte Türen, sondern Fragen richtig zu stellen, kann den anderen öffnen.
- Und keineswegs führen einen die richtigen Fragen immer ans Ziel, sondern allenfalls können Fragen, die richtig, also passend gestellt wurden, ans Ziel führen.
- Auch lenken nicht die richtigen Fragen die Gedanken des Gesprächspartners, sondern die Fähigkeit, die Fragen so passend zu stellen, dass der andere darauf eingeht.
- Es sind auch nicht die richtigen Fragen, die Nähe und Sympathie erzeugen, sondern bestenfalls ein sich Vorwagen und Sagen, das den anderen erkennen lässt, wie wichtig dieser uns ist.

Sie können anhand der folgenden Übungsfragen einmal ausprobieren, wie leicht es Ihnen fällt, diese Fragen in eine erklärende, dialogfördernde Form zu bringen. Da es keinen spezifischen Kontext gibt, können Sie Ihrer Phantasie freien Lauf lassen:

1. Schmeckt es dir?

2. Treibst du eigentlich Sport?

3. Entspricht unser heutiger Service Ihren Erwartungen?

4. Warum hast du nicht geholfen?

5. Wann wirst du kommen?

6. Wie sind Sie auf uns aufmerksam geworden?

7. Welche Erfahrungen haben Sie auf diesem Gebiet?

8. Findest du nicht auch, dass das ein großartiges Angebot ist?

9. Bist du nicht auch enttäuscht, wie wir hier behandelt werden?

10. Gehst du eigentlich regelmäßig zu Vorsorgeuntersuchungen?

Sie können Ihre Antworten hier mit meinen Vorschlägen vergleichen und den Unterschied einer kausalen gegenüber einer finalen Erläuterung auf sich wirken lassen.

1. Schmeckt es dir?

Ich habe heute ein neues Rezept ausprobiert und bin mir unsicher, ob ich zu viel Curry genommen habe. Schmeckt es dir?
Damit ich weiß, ob es für dich geschmacklich einen Unterschied macht, ob ich mit Hafermilch oder mit Kuhmilch koche, möchte ich gern wissen, schmeckt es dir?

2. Treibst du eigentlich Sport?

Meine Kinder haben mir ein Jahr Fitnesstraining geschenkt, da gehe ich nun einmal wöchentlich hin. Treibst du eigentlich Sport?
Ich bin auf der Suche nach jemandem, der mit mir regelmäßig joggen geht, darum frage ich dich direkt: Treibst du eigentlich Sport?

3. Entspricht unser heutiger Service Ihren Erwartungen?

Weil Sie bei Ihrem letzten Besuch unzufrieden waren, frage ich gleich: Entspricht unser heutiger Service Ihren Erwartungen?
Dank der Rückmeldung von unseren Kunden haben wir eine ganze Reihe von Neuerungen eingeführt. Damit wir uns weiterhin optimieren können, fragen wir immer wieder: Wieweit entspricht unser heutiger Service denn Ihren Erwartungen?

4. Warum hast du nicht geholfen?

Ich hatte fest mit dir gerechnet und war ganz überrascht, dass du nicht dazu gekommen bist. Warum hast du denn nicht geholfen?
Damit ich verstehe, ob ich bei meiner Planung einen Fehler gemacht habe, möchte ich von dir erfahren, warum du nicht geholfen hast.

5. Wann wirst du kommen?

Weil wir uns letztes Mal verfehlt hatten, frage ich lieber vorher: Wann wirst du kommen?
Ich möchte mich gern vorbereiten, deswegen möchte ich gern wissen, um wie viel Uhr du kommen wirst.

6. Wie sind Sie auf uns aufmerksam geworden?

Weil wir bei unserer Werbung bislang wenig gezielt vorgegangen sind, möchte ich gern wissen: Wie sind Sie auf uns aufmerksam geworden?

Sie sind zum ersten Mal bei uns, das macht mich natürlich neugierig, darum interessiert mich, wie Sie auf uns aufmerksam geworden sind.

7. Welche Erfahrungen haben Sie auf diesem Gebiet?

Weil wir mehrfach schlechte Erfahrungen gemacht haben, frage ich erst einmal: Welche Erfahrungen haben Sie auf diesem Gebiet?
Für dieses Problem benötige ich jemanden, der sich mit dieser speziellen Software auskennt. Ehe Sie sich das genauer anschauen, will ich Sie zuvor fragen, welche Erfahrungen Sie auf diesem Gebiet mitbringen.

8. Findest du nicht auch, dass das ein großartiges Angebot ist?

Weil du bislang noch gar nichts gesagt hast, frage ich dich ganz direkt: Findest du nicht auch, dass das ein großartiges Angebot ist?
Mir gefällt das Angebot ungemein gut. Ich wäre glücklich, wenn du das genauso einschätzt. Darum frage ich dich: Findest du nicht auch, dass das ein großartiges Angebot ist?

9. Bist du nicht auch enttäuscht, wie wir hier behandelt werden?

Da du noch nichts zu der Art und Weise gesagt hast, wie man sich mit unseren Interessen beschäftigt, frage ich ganz gezielt: Bist du nicht auch enttäuscht, wie wir hier behandelt werden?
Ich bin enttäuscht, wie man uns hier behandelt und möchte gern mit dir klären, wie wir darauf reagieren wollen. Was meinst du?

10. Gehst du eigentlich regelmäßig zu Vorsorgeuntersuchungen?

Gehst du eigentlich regelmäßig zu Vorsorgeuntersuchungen? Ich frage das, weil ich das selbst bislang immer vor mir herschiebe.

Gehst du eigentlich regelmäßig zu Vorsorgeuntersuchungen? Ich frage das, um mir gegebenenfalls Tipps geben zu lassen, wen du mir empfehlen würdest.

3. Kapitel

Neugier statt Kontrolle

Neben den fragwürdigen Fragen, die in erster Linie der Kontrolle dienen („Wer fragt, führt"), gibt es auch Fragen, um alternative Möglichkeiten und Denkmuster kennenzulernen. So will ich in diesem Kapitel den Unterschied zwischen einem Denken in Erwartungen und einem Denken in Möglichkeiten herausarbeiten und zeigen, wie wir von Vorannahmen in Vorurteile rutschen und welche Wirkung das nicht nur auf den Gesprächsverlauf hat, sondern wie sehr das auch unser Denken und unsere Haltung beeinflusst.

Es gibt zwei gegensätzliche Reaktionsmöglichkeiten, um auf eine von der Erwartung abweichende Antwort zu reagieren: Wir können bei der Erwartung bleiben und durch weitere und andere Fragen unser Ziel verfolgen. So etwas können wir immer dann beobachten, wenn der Fragende mit der Antwort nicht zufrieden ist und darum weitere Fragen stellt, in der Hoffnung, damit doch noch zu seinem Ziel zu kommen und das Geschehen unter **Kontrolle** zu behalten.

Oder wir schalten auf den **Neugiermodus** um und lassen uns die unerwartete Antwort genauer erklären, um zu verstehen, worum es dem anderen geht.

Weil aus dem **Neugiermodus** völlig andere Gespräche entstehen als aus dem **Kontrollmodus**, möchte ich dies in einem längeren Exkurs ausführlich behandeln.

Wie oft wurde jeder von uns mit den Worten ermahnt: „*Sei nicht so neugierig!*" oder „*Frag nicht so dumm!*" Fatale Sätze in jeder Kindheit. Denn damit wurde Neugier als Negativeigenschaft verankert! Vielen ist das Verlangen, Neues zu erfahren und insbesondere Verborgenes kennenzulernen geradezu suspekt, geht doch die eigene Sicherheit im Umgang mit dem Fremden verloren. Für die Angst vor Neuem, vor unbekannten Situationen, neuartigen Dingen oder fremden Personen wurde vor 150 Jahren der Begriff der **Neophobie** eingeführt. So schützend das Vermeidungsverhalten auf den ersten Blick erscheint, verhindert es neue Erfahrungen und kann das Leben erheblich einschränken. Da Vermeidung verhindert, dass man die Erfahrung macht, auch mit Neuartigem umgehen zu können, ist Vermeidungsverhalten extrem stabil. Auch wenn es bislang hierzu nur Tierversuche gibt, stimmt es doch nachdenklich, das neophile, also neugierige Ratten eine Lebenszeit aufweisen, die im Schnitt 20% höher liegt als bei neophoben, also Neues vermeidenden Ratten.

Doch gerade für sich ständig verändernde Arbeit ist es erforderlich, sich auf Neues einzulassen, also neugierig zu sein. Dazu zähle ich auch Wissbegierde, Wissensdurst und den Drang, Dinge auch außerhalb des eigenen Horizontes zu erkunden und zu verstehen. Allerdings lösen neue Dinge und Situationen nicht nur Neugier aus und regen unser Erkundungsverhalten an; zugleich stellen neue Situationen, insbesondere wenn sie plötzlich auftreten, mit die wichtigsten Angstauslöser dar und sind ein Flucht- oder Vermeidungsmotiv. Ganz allgemein ausgedrückt können unverständliches Verhalten oder befremdende Ereignisse verunsichern. Denn für alles, was außerhalb des Gewohnten und Erklärbaren liegt, fehlt die Orientierung, um sich angemessen zu verhalten. Nun ist Unsicherheit ein starkes, negatives Gefühl, das meistens vermieden wird.

Tritt also ein Ereignis ein, das anders ausfällt, als wir es erwartet hatten, dann sind wir in jedem Fall enttäuscht, (das Bild im Kopf und die nun wahrgenommene Realität decken sich nicht, es liegt also eine Täuschung vor = **Ent-Täuschung**). Zugleich entsteht das Gefühl von Unsicherheit, weil das Erwartete und die Realität nicht zur Deckung kommen und wir mit unserer Vorhersage daneben lagen. Zudem fehlt die Klarheit, wie wir auf die „neue Wirklichkeit" reagieren sollen.

Wie bereits erwähnt, gibt es zwei Möglichkeiten, darauf zu reagieren: Wir reagieren entweder neugierig und aufgeschlossen oder wir verhalten uns abweisend und nehmen Zuflucht zu bewährten Erklärungsmustern, den sogenannten **Alltagstheorien**.

Wenn wir neugierig reagieren, bemühen wir uns, die Zusammenhänge und Hintergründe zu verstehen. Dafür müssen wir allerdings die Mehrdeutigkeit aushalten. Man spricht in diesem Zusammenhang auch von **Ambiguitätstoleranz.** Damit wird die Fähigkeit bezeichnet, über einen längeren Zeitraum mehrdeutige Situationen oder widersprüchliche Handlungsweisen zu ertragen. Gelingt es, die Spannung auszuhalten und auf den „**Neugiermodus**" umzuschalten, lautet der Erklärungsansatz: In meiner Erwartung habe ich bislang Möglichkeiten übersehen, die nun eingetreten sind. Was muss ich anders sehen bzw. welche Möglichkeiten könnten außerdem in Betracht gezogen werden, um zukünftiges Verhalten besser vorhersagen zu können? In diesem Modus verfliegt die Enttäuschung und macht einer interessierten Aufgeschlossenheit Platz.

Dagegen empfinden Menschen mit kaum vorhandener Ambiguitätstoleranz Stress und Unbehagen, sobald sie mit Situationen konfrontiert sind, die ihnen unverständlich erscheinen und die sie folglich auch nicht kontrollieren können. Um die verloren gegangene Sicherheit wieder zurückzugewinnen, tendieren sie dann dazu, mit einfachen und unreflektierten Ideen oder Regelsystemen und einer linearen Denkweise wieder Ordnung und Struktur in ihrem Umfeld herzustellen. Ein unverständlicher, komplizierter oder gar komplexer Sachverhalt lässt sich einfach und schnell erklären, indem auf sogenannte **Alltagstheorien** zurückgegriffen wird. Diese liefern eine Erklärung, um alle Unsicherheit geradewegs zu bannen. Diese Alltagstheorien projizieren die Ursache-Wirkmechanismen nach außen bzw. auf andere. Das trägt dazu bei, die bisherige Erwartungshaltung aufrecht zu erhalten und die Verantwortung für eine unerwartete Reaktion beim anderen zu sehen.

Wir entwickeln Alltagstheorien im Laufe unseres Lebens. Sie sind Teil unseres Wissens von der Welt und verändern sich je nach Stand der Reflexion. Sie äußern sich nicht nur im direkten Handeln, sondern auch in persönlichen Meinungen und Voreingenommenheiten. Werden diese von vielen geteilt, kommt es zur Bildung von Vorurteilen. Weil sich das direkt auf unsere Gespräche auswirkt, will ich noch näher darauf eingehen.

Als 4-Jähriger hatte mich der Radioapparat im häuslichen Wohnzimmer sehr beschäftigt, insbesondere die Frage, wie so herrliche Musik aus diesem Kasten kommen konnte. Da mein Vater Musiker war, wusste ich, dass es dafür eines Orchesters bedurfte. Und damit so ein ganzes Orchester in diesem Apparat Platz nehmen konnte, mussten das ganz, ganz winzige Zwerge sein. Diese subjektiv einleuchtende Erklärung wurde noch gestützt durch die Tatsache, dass meine Eltern nach dem Einschalten – wohl wegen eines Wackelkontakts – immer mal wieder mit der Faust auf das Radio klopften. Es leuchtete mir ein, dass die kleinen Männchen da drinnen erst einmal geweckt werden mussten.

Wir mögen über kindliche Erklärungsversuche schmunzeln, müssen uns aber eingestehen, dass der **Aberglaube** vieler Erwachsener nichts anderes versucht, nämlich Erklärungsmuster anzubieten für schwer zu fassende Sachverhalte.

Und wenn wir nun fragen, wie wir uns ein Verhalten erklären, das von unseren Erwartungen abweicht, sind wir wieder bei den **Alltagstheorien.** Die Erklärungsmuster *„sie hat sich nicht angestrengt“* oder *„hätte er zugehört, wäre ihm dieser Fehler nicht unterlaufen“* usw. mögen zwar in vielen Fällen zutreffen, dienen aber vor allem dazu, das eigene negative Gefühl zu reduzieren, das ja immer entsteht, wenn unsere Erwartungen nicht erfüllt werden. Wie sehr diese subjektiven Erklärungsmuster verabsolutiert werden, wird an dem unscheinbaren Wörtchen **„nur“** deutlich. *„Das liegt* **nur** *daran, dass…“* soll zeigen, dass es keinen weiteren Erklärungsansatz gibt, dass die eigene Sicht eben keine subjektive darstellt, sondern gewissermaßen objektiv, eben absolut ist. Wie sehr wir nicht nur anderen das Verständnis erschweren, sondern auch uns selbst dadurch einengen, will ich im Folgenden noch etwas genauer aufzeigen.

Bei alltäglichen Entscheidungen greifen wir nur zu oft auf Erfahrungen zurück, die meist zu Unrecht verallgemeinert werden, oder wir setzen bestimmte Annahmen voraus, die uns helfen sollen, eine bestimmte Entscheidung zu treffen. Diese **Vor-Annahmen** erleichtern uns das Leben, weil wir uns langwieriges Nachfragen und Ergründen von Zusammenhängen sparen können. Doch sooft dies von Vorteil sein kann, sooft behindern uns auch diese Vor-Annahmen, ganz besonders, wenn wir ihre Richtigkeit nicht an der Wirklichkeit überprüfen. Zu leicht werden dann aus den Vor-Annahmen feste Vor-Urteile, die aufzugeben uns meist schwerfällt. Denn von Natur aus neigen wir Menschen nun einmal dazu, die eigene Weltsicht für die einzig mögliche, für die einzig richtige zu halten. Zwischen Meinungen und Vermutungen auf der einen Seite und Tatsachen auf der anderen Seite besteht aber ein wesentlicher Unterschied. Erstere sind etwas ausgeprägt Persönliches, haben etwas mit der eigenen Weltsicht, mit der eigenen Denkart zu tun, während Tatsachen unabhängig von der eigenen Sicht der Dinge bestehen können und somit auch für andere gelten.

Aufgrund bestimmter wiederkehrender Erfahrungen kommen wir zu einer **Verallgemeinerung;** diese wird zu unserem Weltbild, das uns ermöglicht, zukünftige Ereignisse vorherzusagen. Damit schließen wir jedoch abweichende Erfahrungen von vornherein aus. Ja wir sind sogar bestrebt, möglichst nur das wahrzunehmen, was uns erlaubt, unser Weltbild aufrechtzuerhalten, was uns dazu verführt, Prophezeiungen zu machen. Doch Prophezeiungen verleiten dazu, sich so zu verhalten, dass sich diese auch tatsächlich erfüllen. Wenn nun eine Ausnahme von der Verallgemeinerung vorliegt, dann hilft die **Verzerrung,** diese Ausnahme sogar als Bestätigung der Verallgemeinerung zu betrachten. Erkennen können wir das an der schon erwähnten Verwendung des unscheinbaren Wörtchens „**nur**“. Dabei werden kausale oder auch konsekutive Erklärungen auf eine einzige Möglichkeit reduziert.

Der Kollege hat ja **nur** deswegen so viele Abschlüsse gemacht, weil er den Preis immer wieder nach unten korrigiert hat.

Sie sagt ja **nur** deswegen die Wahrheit, weil sie Angst vor den Konsequenzen hat.

Er hilft ja **nur,** um Anerkennung zu bekommen.

Du gibst das jetzt **nur** aus Trotz nicht zu.

Wenn du so schweigend dasitzt, dann willst du mir doch **nur** ein schlechtes Gewissen machen.

Dieser Schüler muss abgeschrieben haben, **nur** so ist zu erklären, dass er in seiner Klassenarbeit so wenige Fehler hat.

Er hält sich für loyal und ist in Wirklichkeit **nur** zu feige, sich um eine Alternative zu kümmern.

Solange wir unsere Wahrnehmung auf das beschränken, was unseren Vor-Annahmen entspricht, wird die dahinterstehende Verallgemeinerung bestätigt. Verzerrungen haben dabei die Aufgabe, die Wirklichkeit auf Biegen und Brechen unseren Verallgemeinerungen anzupassen.

Um diesen Teufelskreis zu durchbrechen, müssen wir die Frage „*Welche anderen Möglichkeiten sind außerdem denkbar?*" ernsthaft beantworten.

Das Muster für Vor-Annahmen lautet:

Nur: Sie kommt nur aus Mitleid.

Weil: Sie kommt, weil sie Mitleid hat.

Wenn … dann: Wenn sie kommt, dann hat sie Mitleid.

Fragemöglichkeit: Welche Gründe gibt es außerdem?
Was könnte sonst noch möglich sein?

Wenn wir ein bestimmtes Ereignis erwarten, dann setzen wir automatisch eine ganze Kette von Denkmustern und Verhaltensweisen in Gang, die dieses Ergebnis eintreten lassen – nur dass wir die Ursache dafür falsch bewerten.

Im Schulalltag spricht man vom *Pygmalion*-Effekt, wenn Lehrer jene Schüler besonders fördern, von denen sie eine hohe Meinung haben, ohne dass dieses Verhalten Lehrern bewusst oder es für andere offensichtlich wäre. Vielleicht haben Sie es in Ihrem Leben ebenso erfahren, dass gute Erwartungen gute Leistungen bewirkt haben. Das gilt ja nicht nur in Schule und Ausbildung, auch im Arbeitsalltag werden Mitarbeiter, deren Potential hoch gelobt wird, in kürzester Zeit tatsächlich den Erwartungen gerecht. Angesichts der besonderen Zuwendung und gezeigten Wertschätzung durch den

Vorgesetzten verwundert es nicht, dass diese sich überdurchschnittlich einsetzen und anstrengen.

Das betrifft aber nicht nur Lehrer und Führungskräfte. Im Konsumverhalten lassen sich Erwartungen gezielt beeinflussen, so schmeckt die gleiche Schokolade besser, wenn man glaubt, sie stamme aus der Schweiz statt aus China. Ein Energydrink zum vollen Preis lässt einen mehr Aufgaben lösen als ein preisreduziertes Getränk. Wein schmeckt besser, wenn er angeblich teuer war, und auch Medikamente wirken stärker, wenn sie viel kosten. Erwartungen übertragen sich sogar: Das Verhalten von Richtern im Gerichtssaal kann die Meinung der Schöffen auf Linie bringen.

Wie lassen sich diese Effekte erklären? Die Erwartungen eines Menschen verändern unmittelbar, wie er seine inneren Zustände erlebt. Wer intensiv in sich hineinhorcht, hört also quasi das Echo seiner Vorstellungen davon, was er dort hören sollte. Introspektion dieser Art ist gleichbedeutend mit der Suche nach bestätigenden Informationen. Wer eine vermeintlich leistungsfördernde Pille geschluckt hat, macht sich auf die Suche nach Signalen für besondere geistige Wachheit und bespiegelt sich mit erhöhter Aufmerksamkeit. Er wird Hinweise finden und ein falsches Urteil über die Kausalität fällen: Statt der mit erhöhter Konzentration betriebenen Selbstbespiegelung gilt das zuvor geschluckte Mittel als Auslöser des erlebten Zustands – nämlich der erhöhten Konzentration.

In Schule und Ausbildung denken wir gewöhnlich in Erwartungen. Soweit so gut, Denken in Erwartungen ist ein Teil, den wir brauchen, weil er uns hilft zu planen. Problematisch wird es, wenn wir enttäuschte Erwartungen mit Fehlern gleichsetzen.

Alternativ zum Denken in Erwartungen gibt es das **Denken in Möglichkeiten**, das allerdings den Rahmen der Erwartungen sprengen kann und die bisherige „Weltsicht" erweitert.

Erwartungen können enttäuscht werden – Möglichkeiten stellen **Erfahrungspotentiale** dar und stimulieren die Neugier, möglichst viele Erklärungsansätze hinzuzuziehen.

Damit endet dieser Exkurs und wir betrachten, welche Konsequenzen sich daraus für unsere Kommunikationsprozesse ergeben.

Für die Gestaltung von Beziehungen – sowohl geschäftlichen als auch privaten – ist grundsätzlich zu überlegen, wie weit die jeweiligen Fragen zu **erwartungskonformen Antworten** führen sollen. Dienen sie nur dazu, die eigenen Ansichten und Vermutungen zu bestätigen? Oder geht es darum, den Befragten und dessen Denkhorizont zu verstehen?

Bestätigung der eigenen Annahmen und Standpunkte löst in jedem Fall ein angenehmes Gefühl aus. Wann immer sich Erwartungen als angemessen und zutreffend erweisen, bekräftigen sie auch die eigene Kompetenz. Der Preis dafür ist die Beschränkung auf den bereits vorhandenen Horizont. Weil es durchaus komfortabel ist, sich in vertrauten Bahnen zu bewegen, spricht man in diesem Zusammenhang auch von der **Komfortzone,** die zu verlassen Überwindung kostet. Sich in der eigenen Komfortzone einzurichten, ist nicht nur bequem, es bewahrt vor Unsicherheit und allen möglichen Irritationen, die mit dem Kennenlernen von Neuem nun mal verbunden sind. Zum Glück sind wir Menschen in vielen Bereichen neugierig genug, um unsere Komfortzone zu verlassen und sind immer wieder experimentierfreudig, Risiken einzugehen, weil uns das Neue und Fremde reizt. Wären wir als Kleinkinder nicht bereit gewesen, das Risiko des Hinfallens in Kauf zu nehmen, würden wir heute noch krabbeln.

Neugier und Experimentierfreude lässt sich entwickeln. Wer häufig alternative Möglichkeiten einbezieht, entwickelt eine neue Form von Sicherheit, weil er zunehmend erlebt, dass die Ereignisse, die sich im Verlauf seines Lebens ergeben, erklärbar sind. Immer, wenn mit ihm oder um ihn herum etwas passiert, was er nicht versteht bzw. das mit seinen bisherigen Erklärungsmustern nicht einzuordnen ist, blitzt der Gedanke auf: „*Wie könnte es auch sein?*" Dabei entwickelt er auch Ressourcen, um die jeweiligen Anforderungen zu meistern.

Beispielsweise war *Thomas Edison* so erfolgreich, weil er konsequent in Möglichkeiten dachte. Überliefert ist das Interview mit einem Reporter. Schon aus seiner ersten Frage wird deutlich, wie wenig der

Journalist *Edison* kennenlernen wollte, sondern nur bemüht war, seine Ansicht bestätigt zu sehen. Auf die Frage, wann er denn seine Versuche zur Herstellung einer Glühbirne endlich aufgebe, er habe doch schon 500 Fehlversuche gehabt, soll er geantwortet haben: *„Jeder dieser Versuche hat mich gelehrt, wie es nicht geht, das schränkt den Kreis weiterer Möglichkeiten ein, darum bin ich sehr zuversichtlich, weitere Möglichkeiten zu testen."* Und siehe da, nach 2.000 Versuchen hatte er das richtige Material gefunden. Und da sind wir wieder bei der Neugier.

Neugier resultiert aus dem Wunsch, etwas verstehen zu wollen bzw. sich erklären zu lassen. Vielen Gesprächssituationen, die wir als schwierig empfinden, liegt zugrunde, dass wir die Sichtweise des Gegenübers nicht erklärt bekommen bzw. der Kontext nicht selbsterklärend ist. Nicht nur bei den Fragen konnten wir feststellen, dass diese in der Regel ohne jede weitere Erklärung gestellt werden, auch im alltäglichen Miteinander ist es die Ausnahme, dass jemand seinen Standpunkt erläutert, seinen Wunsch erklärt oder seiner Idee weitere nachvollziehbare Ergänzungen hinzufügt. Solange wir jedoch nicht erfahren, wie eine Äußerung zu verstehen ist, müssen wir in einer Art Zwischenschritt zunächst einmal diese interpretieren, ihr also eine **Bedeutung geben.** Mit anderen Worten: Da die „Gebrauchsanweisung" für das Verständnis eines Satzes üblicherweise nicht mitgeliefert wird, sind wir genötigt, uns selbst zu behelfen, sprich zu interpretieren.

Mit folgendem Schema möchte ich diesen Vorgang veranschaulichen:

- Der andere äußert etwas.
- Wir hören, was der andere sagt.
- Wir deuten, was wir gehört haben.
- Wir reagieren auf **unsere** Deutung.
- Der andere hört, was wir erwidern.
- Der andere deutet seinerseits, was er gehört hat.
- Der andere reagiert auf **seine** Deutung.

Manchem mag diese Aufspaltung unseres Reagierens befremdlich und höchst theoretisch erscheinen. Viele Menschen gehen davon aus, dass sich ihre Reaktion direkt auf das bezieht, was ihr Gegenüber zuvor geäußert hat. Ihre jeweilige Interpretation klammern sie vollständig aus, weil diese gar nicht nötig sei. Schließlich sei doch klar, was der andere meint, das ergebe sich schon aus dem Zusammenhang und den Vorerfahrungen, nach dem Motto: *„Den kenne ich und weiß genau, wie der tickt."* Dabei fußen die Interpretationen auf subjektiven Theorien, die prägend für die Erwartungshaltung sind.

Wenn wir uns bemühen, einen anderen zu verstehen und seine Äußerungen deuten, geben wir diesen einen Sinn. Dabei übersehen wir in der Regel, dass wir Verantwortung übernehmen, indem wir das uns Unverständliche in unserem Kopf verständlich machen. Der andere muss sich nicht erklären, darf unklar bleiben. Wir tappen in eine weitere Gesprächsfalle, die ich **Interpretationsfalle** nenne und noch ausführlicher im siebten Kapitel behandeln möchte.

Stellen Sie sich vor, Sie werden während einer Präsentation unterbrochen:

Sind die Zahlen, die Sie uns da zeigen, aktuell?

Eigentlich eine banale Ja-Nein-Frage. Aber eben nur eigentlich, denn Sie ahnen, dass Ihr spontanes

Ja, das sind die aktuellen Daten.

keineswegs beim Fragenden zu einem befriedigten Kopfnicken führt, sondern erneut Einwände formuliert werden. Das Frage-Antwort-Spiel entwickelt sich zu einem Angriffs-Verteidigungs-Kampf. Fragen kommen ja – leider – in der Regel ohne Begründung daher. In meinem Beispiel

Sind die Zahlen, die Sie uns da zeigen, aktuell?

wird die Frage ja nicht mit dem Zusatz begründet:

Ich frage das, weil wir Ende Februar eine ganz andere Entwicklung hatten und ich diese Zahlen mit meinem bisherigen Kenntnisstand gar nicht zusammen bringe.

Mit dieser Erklärung könnten wir in der Tat viel leichter eine befriedigende Antwort geben. Aber genau das macht der Fragende nicht, sondern verführt uns gewissermaßen, den Sinn seiner Frage interpretierend zu erfassen. Doch damit begeben wir uns nicht nur aufs

Glatteis, wir übernehmen automatisch Verantwortung: Wir glauben, die Frage kontextabhängig richtig verstanden zu haben. Das mag manchmal zutreffen, verhindert aber in vielen Fällen einen echten Dialog.

Kürzlich berichtete mir ein Klient über ein völlig missratenes Gespräch mit seiner 12-jährigen Tochter, die von ihm wissen wollte:

„Findest du auch, dass ich zu dick bin?" Ohne groß nachzudenken widersprach der Vater sofort: „Überhaupt nicht, du siehst toll aus und hast genau das richtige Gewicht, das man in deinem Alter hat." Leider stellte das seine Tochter überhaupt nicht zufrieden, denn sie entgegnete: „Das sagst du nur, weil du nett sein willst, wenn du ehrlich wärst, würdest du mir zustimmen." Sie können sich bestimmt ausmalen, wie schnell dieses Gespräch eskalierte und sich sowohl Tochter als auch Vater am Ende komplett unverstanden fühlten. Da wir im Coaching über dieses Gespräch reflektieren konnten, gelang es dem Vater ein paar Wochen später, anders zu reagieren, denn seine Tochter hakte nochmals nach: „Findest du wirklich nicht, dass ich zu fett bin?" Statt die Suggestivfrage zu beantworten, gelang es dem Vater, im Neugiermodus zu bleiben und seine Tochter mit folgender Erwiderung zu weiteren Erklärungen zu bringen: „Irgendwie machst du dir Sorgen um deine Figur." Prompt fuhr die Tochter fort: „Meine Freundin Natalie macht immer so Bemerkungen wie: 'Lange wirst du in den Bikini nicht mehr passen' oder gestern 'ganz schön stramm, dein Oberteil' und dann grinste sie blöd." Wie mir der Vater berichtete, ging ihm plötzlich ein Licht auf und so konnte er erwidern: „Das stinkt dir, wie Natalie stichelt. Und du bist dir sicher, das bezieht sich auf deinen Bauch bzw. dein Gewicht." – „Ja klar, die ist ja so was von spindeldürr, bei der zählt jede Kalorie. Lieber verzichtet die auf ein Eis, um ja nicht zuzunehmen." Statt nun seine Meinung dazu kund zu tun, äußerte der Vater lediglich: „Das ist eine mögliche Erklärung. Ob Natalie vielleicht auf etwas ganz anderes anspielt, steht für dich gerade nicht zur Diskussion." Mit dieser Erlaubnis, sich für etwas nicht zu interessieren, wurde die Neugier der Tochter gekitzelt, denn sie fragte prompt: „Wieso? Was könnte sie denn noch gemeint haben?" Schmunzelnd konnte der Vater seine Tochter darauf aufmerksam machen, dass sie mit 12 Jahren in der Pubertät angekommen sei und sich das Wachstum ihres Busens nicht länger verbergen ließe.

Mir hat an diesem Beispiel gefallen, wie es dem Vater gelungen ist, die Tochter zu einem Denken in alternativen Möglichkeiten zu führen.

Das Denken in Erwartungen führt zwar zu bestätigenden, aber eingeschränkten Erfahrungen.

Das Denken in Möglichkeiten erweitert die eigene Sicht.

4. Kapitel

Die Fragefalle vermeiden

Bislang hatte ich das Fragemuster von der Antwortseite behandelt. Es ging um unsere Neigung, auf Fragen antwortend zu reagieren, auch wenn wir noch gar nicht verstanden haben, worum es eigentlich geht. Das hatte ich **Antwortfalle** genannt. In diesem Kapitel geht es um den Fragenden, der weiter und weiter fragt, weil er glaubt, nur so das Gespräch am Laufen zu halten. Kurze Antworten oder auch nur der auffordernde Blick des Gesprächspartners verführen zu weiteren Fragen, was ich im Folgenden als **Fragefalle** bezeichne.

Sind wir erst einmal in das Fragemuster gerutscht, fällt es in der Regel schwer, mit Aussagen oder Aufforderungen das Gespräch fortzusetzen. Sie können das mit einem einfachen Experiment prüfen: Stellen Sie einem Gesprächspartner (z. B. Partner, Kollege, Kind o. ä.) eine Frage. Formulieren Sie eine zweite Frage, die sich auf die Antwort bezieht und wiederholen Sie dieses Frage-Antwort-Spiel fünfmal. Versuchen Sie nach der fünften Antwort aus dem Frage-Muster herauszukommen.

Folgender Dialog entstand in einer meiner Gruppen:

1. Wie war denn dein Urlaub?
   Eigentlich super! Tolles Wetter, wir waren jeden Tag im Wasser.
2. Was habt Ihr da gemacht?
   Wir waren tauchen, also richtig mit Sauerstoffflasche.
3. Ist das gefährlich?
   Nö, man muss sich nur an die Anweisungen des Tauchlehrers halten.

4. Gab es da Haie?
   Ja, aber die waren draußen vor der Lagune.
5. Hattest du keine Angst?
   Eigentlich nein.

Und obwohl der Fragende sich fest vorgenommen hatte, nach der fünften Frage aus dem Muster auszubrechen, rutschte ihm unbemerkt noch eine sechste und siebte Frage raus.

6. Warst du da allein oder immer mit anderen zusammen?
   Wir waren immer gemeinsam in der Gruppe unterwegs.
7. Wie viele wart ihr?
   Insgesamt acht plus Tauchlehrer.

Frageketten entstehen häufig aus dem Versuch, den Gesprächsfaden nicht abreißen zu lassen. Hat der Gesprächspartner seine Antwort gegeben und schaut uns schweigend an, interpretieren wir das naheliegenderweise als Aufforderung weiterzumachen. Dabei erweist sich die **enge** Frage als einfaches Vehikel, den Gesprächsfluss am Laufen zu halten. Indes erfordern **weite Fragen** einige gedankliche Anstrengungen. Man nennt diese Fragen auch W-Fragen, weil im Deutschen fast alle Fragewörter mit dem Buchstaben W beginnen. Da es jedoch sehr viel einfacher ist, eine Ja-Nein-Frage zu formulieren, geraten wir erst recht unter Erwartungsdruck, denn das kurze „*Ja*" bzw. „*Nein*" führt zwangsläufig dazu, dass eine weitere Frage benötigt wird, um den Gesprächsfluss am Laufen zu halten. Unversehens landen wir in der **Fragefalle.**

Am Nebentisch in meiner Weinstube konnte ich folgendes Gespräch hören, das ganz im Schema enger Fragen verlief:

Wie heißt du eigentlich?

Matthias.

Studierst du auch BWL?

Nein, Jura.

In welchem Semester bist du?

Im ersten, also im Masterstudiengang.

Bist du dann neu hier?

Ja, vorher war ich in Münster.

Gefällt dir Tübingen?

Schon.

Na, das klingt aber gar nicht überzeugt. Hast du Probleme?

Nein, es ist nur sehr ungewohnt für mich.

Du hast Schwierigkeiten mit den Schwaben, stimmt's?

Nein, gar nicht. Ich muss mich nur erst einmal eingewöhnen.

Hast du Heimweh?

So würde ich das nicht sagen.

Aber irgendwas bedrückt dich, oder?

Schon.

Und was?

Ach, das ist was Privates.

Nun hab' dich nicht so. Wir können doch ganz offen miteinander reden. Also, was ist es?

Ich weiß nicht.

Ist es was mit Beziehungen?

Ja.

Stimmt da was nicht mehr?

Vermutlich ja, wir haben uns getrennt – vor vier Wochen.

Dieses Gespräch ging noch eine Weile so weiter. Insgesamt wurden sage und schreibe über 30 Fragen gestellt. Ich weiß nicht, wie der Befragte sich gefühlt haben mag, als das Gespräch schlagartig beendet wurde, weil sich die Kommilitonin einem neu Hinzukommenden zuwandte. Auffällig war für mich, dass ihre Fragen kaum Bezug zur vorangegangenen Antwort nahmen. Die Fragende hatte ihr Schema und das wurde durch die jeweiligen Antworten nicht beeinflusst.

Ich möchte dies am ersten überlieferten psychologischen Experiment weiter ausführen. In *Platons* „Menon" gibt es ein Gespräch zwischen *Sokrates* und einem herbeigerufenen Sklaven. Dieses Experiment mit dem Sklaven gehört zu den klassischen Texten der Didaktikgeschichte. Zur Demonstration, dass Erkenntnis auf Erinnerung beruhe, wird einer der vielen Sklaven *Menons* herbeigerufen. Der Sklave, der über kein mathematisches Schulwissen verfügt, soll als Schüler ein geometrisches Problem lösen, wobei *Sokrates* durch erkenntnisleitende Fragen zu Überlegungen anregt, die schließlich zum Verständnis des geometrischen Sachverhalts führen sollen. Dabei legt der Philosoph großen Wert darauf, nicht zu lehren, denn er will zeigen, dass sich der Schüler die Lösung selbst erarbeitet.

Sokrates: Sag' mir doch, Junge, weißt du, was ein Viereck ist? Eine Figur wie diese?

Sklave: Ja.

Sokrates: Es ist also eine viereckige Figur, welche alle diese Seiten, deren es vier sind, gleich hat?

Sklave: Allerdings.

Sokrates: Hat sie nicht auch diese – durch die Mitte gezogenen Linien – gleich?

Sklave: Ja.

Sokrates: Nicht wahr, mein Junge, eine solche Figur könnte doch wohl auch größer oder kleiner sein?

Sklave: Allerdings.

Sokrates: Gesetzt nun, diese Seite wäre zwei Fuß lang und jene auch zwei, wie viel Fuß enthielte das Ganze? – Betrachte es einmal so: Wenn es hier zwei Fuß wären, dort aber nur ein Fuß, enthielte dann nicht die Figur genau einmal zwei Fuß?

Sklave: Ja.

Sokrates: Da es nun aber auch hier zwei Fuß sind, macht es dann nicht notwendig zweimal zwei Fuß?

Sklave: Doch.

Sokrates: Also ergibt sich eine Figur von zweimal zwei Fuß?

Sklave: Ja.

Sokrates: Wie viel sind nun diese zweimal zwei Fuß? Rechne einmal und sage es!

Sklave: Vier, Sokrates.

Sokrates: Ließe sich nun nicht eine andere Figur zeichnen, welche doppelt so groß als jene und doch jener insoweit gleich wäre, dass sie, wie jene, lauter gleiche Seiten hätte?

Sklave: Ja.

Sokrates: Und wie viel Fußfläche wird sie haben?

Sklave: Acht.

Sokrates: Wohlan, versuche es mir nun zu sagen: wie groß wird jede Seite dieser zweiten Figur sein? Im ersten Viereck hat jede zwei Fuß; wie viel hat nun jede in diesem, das doppelt so groß ist?

Sklave: Offenbar, Sokrates, das Doppelte.

Sokrates (zu Menon): Du siehst, Menon, wie ich ihn nichts lehre, sondern alles frage?

Es kommen noch viele Fragen in diesem Dialog, von dem gesagt wird, er verkörpere den Geburtsakt des selbständigen Erkennens als Grundvoraussetzung abendländischen Denkens. Eine Eigenständigkeit, die mit den Mitteln des Befragtwerdens gewonnen und erschlossen wurde. Wenn ich richtig gezählt habe, sind es insgesamt 52 enge Fragen, die der junge Sklave zu beantworten hat. Am Ende hat er erkannt, dass nicht die doppelte Seitenlänge benötigt wird, sondern lernt den pythagoreischen Lehrsatz, „dass aus der Diagonale des Quadrats das doppelt so große Viereck entsteht." Allein durch eine gezielte Fragetechnik soll nun bewiesen sein, dass ein mathematisch ungebildeter Mensch aus sich selbst heraus ein Problem aus der Mathematik lösen kann. Aus seinen kurzen Antworten (*„allerdings"*, *„ja"*, *„freilich"*, *„acht"* etc.) zu schließen, dass der Sklave zu einer Erkenntnis gekommen sei, will mir gar nicht einleuchten. Was soll man auf suggestive Fragen auch anderes antworten, als das, was ohnehin bereits in der Frage vorgegeben ist? *Sokrates* kennt ja die Antworten, er ist also der bereits im Voraus Wissende. Das gibt ihm die Macht, zu suggerieren, der andere würde dank seiner Fragen von selbst zur Antwort kommen.

Dieses Gespräch erscheint mir wie ein Monolog des *Sokrates*, bereichert durch kurze, erwartungskonforme Erwiderungen des Sklaven. *Sokrates* ist in seine eigene **Fragefalle** geraten, weil er immer weiter fragen muss, um das Gespräch am Laufen zu halten, denn von seinem Gesprächspartner kommt ja keine eigenständige, gar neugierige Reaktion. *Sokrates* benutzt den Sklaven in diesem Experiment, um seinen Gedanken zu demonstrieren: dass es nämlich keine Belehrung gibt, sondern der scheinbar Lehrende dem Lernenden mittels Fragen nur zur Erinnerung verhilft.

Dieses Frage-Antwort-Spiel erlangte unter dem Namen **Hebammenkunst** (Mäeutik) große Beliebtheit. Dabei wird der Lernende als der Gebärende betrachtet, dessen Einsicht durch geeignete Fragen geboren wird. *Georg Friedrich Wilhelm Hegel* setzt sich in seinen Vorlesungen über die Geschichte der Philosophie kritisch mit dieser Methode auseinander, wenn er sagt:

Bei *Sokrates* können die Antwortenden plastische Jünglinge genannt werden, sie antworten nur bestimmt auf die Fragen; und diese sind so gestellt, dass sie die Antwort sehr erleichtern, alle eigene Willkür ist ausgeschlossen.[4]

Diese Kritik hat nichts an der Macht und Beliebtheit dieser Fragemethode geändert. Ich kann mich an Schulstunden erinnern, da bestand die Methode darin, dass der Lehrer oder die Lehrerin ganze Sätze vorformulierte und wir mussten bzw. durften das geforderte Wort ergänzen. So hat sich mir eingeprägt: *„Wer brauchen ohne zu gebraucht, braucht brauchen gar nicht…"* Und die ganze Klasse rief: *„zu gebrauchen."* Und damit waren alle zufrieden.

Es gibt schon zu denken, dass zur vielfach gelobten *sokratischen* Hebammenkunst die **„Kunst der Überführung"** (Elenktik) gehört, bei der durch gründliches Befragen des Gesprächspartners dessen geäußerter Standpunkt bzw. sein Wissen in ein Nichtwissen überführt werden.

Bevor ich Möglichkeiten zeige, um die **Fragefalle** zu vermeiden, gilt es zu klären, was denn das eigentliche Ziel ist, das durch diese Art des Fragens erreicht werden soll.

Oftmals ist es der **Wunsch, den anderen zu überführen,** beispielsweise sein Nicht-Wissen oder Nicht-Können zu demonstrieren. Hier wird und muss solange gefragt werden, bis der gewünschte „Beweis" erbracht ist.

Kennen Sie sich mit XY aus?

Ja, natürlich.

Haben Sie so etwas schon mal von Anfang bis Ende durchgeführt?

Ja, mehrfach.

Wie oft?

Ich schätze fünfmal.

Eigenverantwortlich oder mit anderen zusammen?

Mit anderen zusammen.

Waren Sie schon mal allein für das Ergebnis verantwortlich?

So gefragt, nicht direkt.

Also haben Sie so etwas noch nie selbständig gemacht. Wusste ich's doch.

Auch die **klassischen Lehrerfragen,** mit denen der Wissensstand des Schülers ge- bzw. überprüft werden soll, gehören dazu. Hier wird ja nichts gefragt, was der Lehrende nicht ohnehin schon weiß. Was jedoch gänzlich fehlt, ist das Staunen, das für *Aristoteles* den Beginn allen Fragens ausmachen sollte. Wo die Neugier fehlt, bleiben die möglichen Antworten ungenutzt, stattdessen werden weitere Fragen gestellt oder mit der Bewertung *„falsch"* ein möglicher Dialog beendet, ehe er überhaupt beginnen konnte. Ein typisches Beispiel aus einer 6. Klasse:

Eine Schülerin wird an die Tafel gerufen, um folgenden Bruch auszurechnen: $^{147}/_{98}$. Nach kurzem Überlegen schreibt sie 1,5 an die Tafel. Kommentar des Lehrers: *„Das ist nicht gekürzt. Setzen. Wer kann es richtig?"* Als ein anderer Schüler erwartungskonform kürzt, steht an der Tafel: $^{147}/_{98} = {}^{21}/_{14} = {}^{3}/_{2}$. Lob des Lehrers: *„Prima, so ist es richtig."* Es wäre für den Lehrer erhellend gewesen, wenn er aus einer Haltung der Neugier hätte verstehen wollen, was die Schülerin zum Dezimalergebnis geführt hat. Die Antwort, die ich erhielt, mag überraschen: *„Das geht doch viel schneller und lässt sich im Kopf rechnen. Das sieht man doch, dass 147 das Eineinhalbfache von 98 ist. Oder noch einfacher: $147 = (50 - 1) \cdot 3$ und $98 = (50 - 1) \cdot 2$, also $^{3}/_{2} = 1,5$."*

Stellen wir uns nur einmal vor, im Unterricht würden die Lehrkräfte auf eine sogenannte „falsche" Antwort, also eine Antwort, die anders ausfällt, als erwartet, grundsätzlich so reagieren:

Ich habe zwar eine andere Lösung erwartet. Jetzt bin ich aber neugierig, was dich zu deinem Ergebnis gebracht hat.

Oder: Das ist jetzt etwas ganz Anderes, als ich hören wollte. Ich bin aber echt gespannt, wie du auf diese Antwort gekommen bist.

Oder: Deine Antwort überrascht mich. Damit ich deinen Lösungsweg nachvollziehen kann, brauche ich noch eine Erklärung.

Dieses *aristotelische* Staunen würde den Schüler zum wirklichen Nachdenken bringen und in jedem Fall zum Erkenntnisgewinn führen. Entweder beim Lehrenden, weil ihm diese nun erklärte Antwort einleuchtet, oder beim Schüler, weil er im Bemühen, sich zu erklären, erkennt, dass seine Antwort so nicht stimmt bzw. nicht recht erklärbar ist.

Bei Beobachtungen in Kindergärten fiel mir auf, dass sich Erzieherinnen bei naturwissenschaftlichen Experimenten stark an die vorgegebenen Themen hielten und abwertend reagierten, wenn etwas nicht so funktionierte, wie es doch sein sollte. Das Denken in Erwartungen hat nicht nur die Fragen, sondern auch die Reaktionen auf die Antworten beeinflusst. In einem Fall ging es um das Thema Schwimmen und Untergehen. Bevor die Erzieherin Gegenstände aus Metall, Holz oder Kunststoff in ein Wasserbecken legte, wurden die Drei- und Vierjährigen gefragt, ob die Sachen untergehen oder schwimmen. Das klappte gut, bis zu dem Moment, als die Erzieherin einen Plastikfisch über die Wasserfläche hielt und sich die Kinder einig waren: Der sinkt. Doch statt nun herausfinden zu wollen, was die Kinder zu dieser Annahme bewegt hat, reagierte sie bewertend und korrigierte: *„Nein, ihr Dummerchen, der ist doch aus Kunststoff und ihr habt doch bei den anderen Plastiksachen schon gewusst, dass die schwimmen."* Doch meine Neugier war gekitzelt, darum wandte ich mich an die Kinder: *„Hey, wenn ihr sicher seid, dass der Fisch untergeht, könnt ihr mir bestimmt sagen, wie ihr darauf gekommen seid."* Prompt erhielt ich die Antwort: *„Fische schwimmen doch* ***im*** *Wasser und nicht* ***auf*** *dem Wasser."* Ein Mädchen ergänzte: *„Der ist doch gar nicht lebendig, der kann nicht schwimmen, der muss untergehen."* Wäre die Erzieherin nicht so auf das Ergebnis fixiert bzw. ihr Versuchsaufbau nicht mit bestimmten **Antworterwartungen** verknüpft gewesen, hätte sie mit den Kindern in einen offenen Dialog treten können und erfahren, wie schlussfolgernd die Kleinen vorgehen. So aber blieb sie in ihrer eigenen **Fragefalle** gefangen.

Es heißt zwar, dass der Wissensdurst eines Kindes unbegrenzt sei, jedoch sind seine verbalen Ausdrucksmöglichkeiten so eingeschränkt, dass es vielfach falsche Antworten bekommt. Erwachsene wissen bzw. haben gelernt, dass das Fragewort „warum?" nach Ursachen forscht. Sie antworten erklärend mit „weil" und orientieren sich so gut es geht an den Fakten.

Warum muss ich mir die Zähne putzen?

Weil du sonst Löcher in die Zähne bekommst.

Warum bekomme ich Löcher?

Weil sich Bakterien an den Zähnen festsetzen und die Zähne angreifen.

Warum tun die das?

Weil sie davon leben und sich vermehren, also ganz, ganz viele werden.

Warum werden das dann ganz viele?

Erwachsene erfassen viel zu selten, dass es dem Kind – aufgrund seiner beschränkten Ausdrucksmöglichkeiten – nicht um Daten und Fakten geht, sondern welchen Sinn etwas hat. Leider verwenden Kinder das Wort „warum?", obgleich sie eigentlich „wozu?" meinen. Nebenbei: Viele Erwachsene verwenden durchgängig das Fragewort „warum?", auch kennen manche Dialekte das Wort „wozu?" überhaupt nicht. Um jedoch den Sinn zu verstehen, sind Ziele und Absichten wichtig. Die Neugier ist nach vorn gerichtet. Eltern, die auf Kinder im Fragealter mit „damit" bzw. „um … zu" reagieren, berichten von ganz anderen Erfahrungen, beispielsweise:

Warum muss ich mir die Zähne putzen?

Damit deine Zähne gesund bleiben.

Ja, ich will gesund bleiben, krank sein ist doof.

Stimmt. **Damit** du keinen Schnupfen bekommst, ziehst du ja auch deine Strümpfe gleich aus, wenn sie nass geworden sind, und ziehst dir trockene an.

Ja, das tu ich. Wird man dann nie krank, wenn man immer trockene Strümpfe anhat?

Leider ist das nicht so einfach. **Um** gesund **zu** bleiben, waschen wir uns zum Beispiel auch die Hände, wenn wir von draußen kommen, essen und trinken gesunde Sachen usw.

Auch den berühmt-berüchtigten **Frageketten** kleiner Kinder fehlt das Staunen. Die schier endlosen Warum-Fragen erfolgen selten aus der Irritation, weil irgendetwas **fragwürdig** geworden ist und auch nicht aus der Wissbegier, etwas wirklich verstehen zu wollen. Stattdessen will das Kind die „Allmacht" von Vater oder Mutter hinterfragen, also prüfen, ob da nicht doch Wissenslücken sind; manchmal ist es auch der unbeholfene Wunsch, ins Gespräch zu kommen oder Aufmerksamkeit zu erheischen und zuweilen ist es auch pure Langeweile, die mittels Warum-Fragen gelindert werden soll. Vielleicht kennen Sie auch manchen Erwachsenen, der seine Langeweile mit Warum-Fragen überbrückt.

Warum bekomme ich keine Schokolade?

Weil es gleich Essen gibt.

Warum darf ich jetzt keine Schokolade essen?

Weil du dann keinen Hunger mehr hast.

Warum muss ich essen?

Weil du sonst verhungerst.

Warum darf ich nicht verhungern?

Weil ich dann kein Kind mehr habe. Usw.

Bei diesen durchaus nervzehrenden Fragekettten wird deutlich, dass sich das Kind keineswegs mit der Antwort auseinandersetzt. Die nächste Frage greift zwar formal Wörter der Antwort auf, nimmt aber keinen reflektierenden Bezug zum Inhalt der Antwort. Ganz gleich, wie die Antwort ausfällt, es folgt zwangsläufig die nächste Warum-Frage.

Aus eigener Kraft wird sich ein dreijähriges Kind kaum aus dieser **Fragefalle** befreien können. Sie können bei nächster Gelegenheit ausprobieren, wie sich ein Gespräch entwickelt, wenn Sie sich, statt eine Weil-Antwort zu geben, auf den mitschwingenden Wunsch des Kindes einlassen und diesen explizit in Worte kleiden:

Warum bekomme ich keine Schokolade?

Du möchtest gern vor dem Essen Schokolade haben.

Ja.

Ich fürchte, dass du dann keinen Hunger mehr hast.

Was gibt es denn zum Essen?

Spagetti mit Tomatensoße.

Hm, wenn du mir jetzt die Schoki gibst, hebe ich sie mir bis nachher auf.

Wenn Sie hinter einer Frage kein Staunen erkennen können, steht es Ihnen dennoch frei, genau dieses wach zu kitzeln und ins Bewusstsein zu bringen. Auch wir Erwachsenen sind immer wieder über irgendetwas überrascht und stellen Fragen, bei denen uns zwar sonnenklar ist, worauf wir hinauswollen, gleichzeitig versäumen wir, den anderen in unser Erstaunen einzubeziehen. Dabei würden wir ganz andere Reaktionen erhalten, wenn wir laut aussprechen, was uns ohnehin durch den Kopf geht.

Hast du gerade mit Eva telefoniert? Ich war ganz überrascht, wie freundlich du warst, dabei seid Ihr doch zerstritten. *Oder:*

Willst du tatsächlich Skilaufen? Du hattest doch einen Bänderriss und gemeint, dass Wintersport für dich passé ist. *Oder:*

Wieso ist der Tank schon wieder so leer? Ich hatte doch erst neulich getankt, weil ich doch noch nach Frankfurt muss.

Wie fanden Sie meine Präsentation? Ich bin mir nicht sicher, ob ich zu schnell gesprochen habe und ob ich genügend Blickkontakt zu den Zuhörern hatte.

Gast zur Bedienung: Was können Sie empfehlen? Sie wissen am besten, welches Gericht bei den Gästen besonders gut ankommt.

Wer seine Fragen erläutert, erhält nicht nur Antworten, sondern Reaktionen auf die Erläuterung.

Im Kontext der vielen Beispiele mit Kinderfragen möchte ich noch auf die Fragen eingehen, die uns peinlich sind, weil sie gegen gesellschaftliche Konventionen verstoßen.

Fragt ein Dreijähriger in der Schlange vor der Supermarktkasse laut: „Du Papa, warum ist die Frau vor uns so dick?", möchte man am liebsten unter einem Tarnumhang verschwinden. Leider hilft die Antwort: „Das weiß ich nicht." kaum weiter, weil die nächste Frage wie aus der Pistole kommt: „Warum weißt du das nicht?" Usw.

Solange uns das Kind nicht verrät, was es zu dieser Frage gebracht hat, geraten wir in die **Antwortfalle.** Hier hilft also nur, das fragende Kind sich erklären zu lassen. So kann es entdecken, dass etwas irritiert, wofür es keine passende Erklärung hat. Wie immer wieder ausgeführt, werden wir mit Aussagesätzen den anderen am ehesten zum Sprechen bringen, beispielsweise:

Du Papa, warum ist die Frau vor uns so dick?

Du hast dir vermutlich schon was überlegt.

Ja, vielleicht kriegt die auch ein Kind, so wie die Mama.

Das könnte sein. Vielleicht hast du noch andere Vermutungen.

Ich weiß nicht. Glaubst du, die isst zu viel?

Irgendetwas hat dich zu dieser Überlegung gebracht.

In ihrem Einkaufswagen sind ganz viele Süßigkeiten. Usw.

Wer das Risiko der **Fragefalle** vermeiden möchte, wird schon von Beginn des Dialogs an auf enge Fragen verzichten. Weil die Ja-Nein-Fragen nur zu leicht in ein **Frage-Verhör** münden, gilt es, den Gesprächspartner zum Sprechen zu bringen. Dafür eignet sich der Aussagesatz als indirekte Aufforderung am besten. Allerdings müssen wir dafür unsere Neugier bzw. unsere Unsicherheit bezüglich des fehlenden Wissens preisgeben. Statt also platt zu fragen:

Kennen Sie sich mit XY aus?

wird der Gesprächspartner über die hinter den Fragen stehenden Gedanken und Gefühle informiert.

Ich würde Sie gern mit XY betrauen. Ich bin mir jedoch unsicher, wieweit Sie das eigenverantwortlich meistern können.

Na ja, ich war schon fünf Mal dabei, als wir mit XY gearbeitet haben und denke, dass ich das auch allein hinbekommen sollte.

Ihre Zuversicht freut mich. Was mich zögern lässt, ist die Komplexität von XY. Was machen Sie, wenn unerwartete Reaktionen eintreten?

Tja, das kommt drauf an. Ich bin natürlich noch kein Routinier. Usw.

> Wenn Sie auf **enge Fragen** verzichten, müssen Sie bereit sein, Reaktionen zu akzeptieren, auf die Sie möglicherweise überhaupt nicht vorbereitet sind.

Der „Vorteil" des Verhörs besteht ja darin, dass die Rollen klar verteilt sind: Einer fragt, der andere muss antworten. Je enger die Fragen gestellt werden, umso größer die Sicherheit des Fragenden, in welchem Rahmen die Antworten ausfallen. Diese Sicherheit wird allerdings durch den Verzicht auf alternative Möglichkeiten erkauft. Das konnte ich mit einer Seminargruppe beobachten:

Nach dem Mittagessen, die Teller waren bereits abgeräumt, kam die Bedienung erneut an unseren Tisch und fragte freundlich: „Wer möchte noch Kaffee oder Espresso?" Von den 13 Anwesenden wurden drei Kaffee und sieben Espressi bestellt. Soweit barg diese Begebenheit nichts Besonderes. Erst am Folgetag wurde mir der Unterschied bewusst, als eine andere Bedienung nach dem Mittagessen an unseren Tisch trat und freundlich sagte: „Vielleicht gibt es noch irgendetwas, das Sie gern bestellen möchten." Nach einer kurzen Pause fragte jemand: „Gibt es Schwarzwaldeisbecher?" und andere – möglicherweise durch diese Frage angeregt – bestellten

Eiskaffee, Banana-Split etc. Insgesamt hatten alle 13 etwas bestellt, einige sogar Eis und Kaffee. Mochte die Bedienung am Vortag einen Umsatz von ca. € 20,- erzielt haben, waren es diesmal an die hundert Euro. Das Eis wäre auch am Vortag serviert worden. Die Alternativfrage ersparte allerdings eigenes Nachdenken, so dass die Antworten vorhersehbar waren.

Ich hatte bereits mehrfach ausgeführt, dass direkte Fragen wenig zielführend sind, weil die meisten Menschen dazu neigen, Fragen so zu beantworten, dass die Antworten sie in ein gutes Licht rücken. So wird die banale Frage: *„Haben Sie das verstanden?“* (abgekürzt: *„Kapiert?“*) in aller Regel mit einem Kopfnicken und einem *„Ja“* quittiert. Um auf diese Frage mit einem *„Nein“* zu antworten, darf man sich ja nicht scheuen, gegebenenfalls für beschränkt gehalten zu werden. Solcherart erklärt sich auch, dass viele Zuhörer nach einem Vortrag auf die Referentenfrage: *„Gibt es dazu noch Fragen?“* mit Kopfschütteln und einem *„Nein“* reagieren. Wer will sich schon öffentlich die Blöße geben, etwas nicht verstanden zu haben, zumal man möglicherweise auch Zeit benötigt, um die eigene Frage klar und nachvollziehbar formulieren zu können.

Ich möchte an dieser Stelle noch einmal auf den Eingangsdialog zurückkommen. Die Einstiegsfrage *„Wie war denn dein Urlaub?“* veranlasste einen anderen Gruppenteilnehmer, auszuprobieren, ob das Vermeiden der **Fragefalle** durch Aussagesätze wirklich gelingt. Er wendete sich an seine Nebensitzerin und begann:

Wir haben vorhin erfahren, dass du im Urlaub tauchen warst und dass das irgendwie super war. Ich kann mir noch nicht vorstellen, wie das für dich tatsächlich war.

Oh je, was soll ich da sagen. Das Tauchen selbst war toll, ohne jeden Zweifel. Aber ich war ja nicht allein.

Das hört sich für mich so an, als wenn es da Stress gegeben hat.

Stress ist vielleicht zu viel gesagt, eher nervig. Da war ein Typ in der Gruppe, da schüttelt es mich jetzt noch, wenn ich an den denke.

Der hat irgendwas gemacht, was für dich eine Zumutung war.

Das kann man wohl sagen. Der war ein echter Kotzbrocken, hielt sich für was Besseres, gab pausenlos ungebetene Ratschläge und hat unseren Tauchlehrer, das war ja ein Einheimischer, wie den letzten Dienstboten behandelt.

Der hat dir geradezu deinen Urlaub vermiest.

So schlimm war es zum Glück nicht. Aber ich habe mir fest vorgenommen, nie wieder eine Gruppe zu buchen, die ich nicht kenne.

Damit willst du vermeiden, auf ähnliche Widerlinge zu stoßen.

(lacht) Oder ich lerne endlich, wie ich solche Typen in ihre Schranken weisen kann, ohne dass die Gesamtstimmung darunter leidet.

Nach diesem kurzen Dialog war die Gruppe erstaunt, dass jetzt ein völlig anderes Bild von diesem Tauchurlaub entstand als beim ersten Gespräch. Wohl zu seiner Verteidigung meinte der zuerst Fragende, dass auf seine Eingangsformulierung: „*Wie war dein Urlaub?*" doch auch diese Information hätte kommen können. Einmal dies und einmal jenes zu antworten, erschien ihm eher wie Willkür als eine Folge seiner Fragerei. Da ich mir Notizen gemacht hatte, konnte ich ihm die erste erfolgte Antwort ins Gedächtnis rufen, die da lautete: „*Eigentlich super.*" Das einschränkende „*eigentlich*" war womöglich ein versteckter Hinweis, dass dieser Urlaub nicht nur „super" war. Wer jedoch im **Frage-Modus** gefangen ist, überhört nur zu leicht die Feinheiten und ist bereits mit der nächsten Frage beschäftigt.

Vielleicht wäre der erste Dialog ähnlich erhellend verlaufen, wenn das „eigentlich" hinterfragt worden wäre, beispielsweise: „*Du sagst 'eigentlich super', das klingt für mich irgendwie einschränkend.*" Wer so reagiert, tappt auf jeden Fall nicht in die **Fragefalle.**

Das klappt allerdings nur dann, wenn wir die jeweilige Antwort auf uns wirken lassen und überlegen, was wir gerade erfahren haben und wieweit uns dies hilft, den anderen noch besser zu verstehen. Und wenn es uns nicht nachvollziehbar ist, hilft eine einfach Selbstmitteilung, den Gesprächspartner zu weiteren Erklärungen einzuladen, beispielsweise:

- *Das kann ich mir noch nicht richtig vorstellen.*
- *Das verstehe ich irgendwie nicht.*
- *Das leuchtet mir noch nicht recht ein.*
- *Da weiß ich jetzt gar nicht, wie ich das einschätzen soll.*
- *Es fällt mir schwer, mir das konkret auszumalen.*

Doch was machen wir, wenn wir dennoch in die Fragefalle tappen? Welche Möglichkeiten gibt es, da elegant wieder herauszukommen?

Sobald Sie merken, dass auf Ihre Frage zwar eine Antwort kommt, der andere Sie aber auffordernd anblickt, gilt es, das Muster zu durchbrechen. Statt also eine weitere Frage zu stellen, lenken Sie die Aufmerksamkeit auf den auffordernden Blick, z. B.: „*Ich habe gerade den Eindruck, dass ich weitere Fragen stellen soll.*“ Oder: „*Womöglich geht das Gespräch nur weiter, wenn ich Fragen stelle.*“ Oder ganz direkt: „*Du schaust mich so auffordernd an.*“ Und der nonverbale Trick besteht darin, auf die letzte Antwort Ihrerseits fragend oder stirnrunzelnd zurückzublicken. Das führt in der Regel beim anderen zu weiteren Erklärungen.

5. Kapitel

Wer argumentiert, verliert

Die Kapitelüberschrift bringt es bereits auf den Punkt: In die **Argumentationsfalle** tappt, wer sich auf seine eigenen Argumente konzentriert, denn er verliert sein Gegenüber aus dem Blick; gleichzeitig meiden Menschen Situationen, in denen sie merken, dass kein Interesse an ihnen und an ihrer jeweiligen Sichtweise besteht. Also ein Verlieren im doppelten Sinne. Wie wir uns vor Gesprächspartnern schützen können, die uns ungefragt „zutexten", werde ich ausführlich darlegen. Im zweiten Teil dieses Kapitels zeige ich, wie wir andere neugierig machen können. Denn wer auf Interesse reagiert, muss nicht argumentieren.

Wir sprechen vom Argumentieren, wenn man andere Menschen von seiner Meinung überzeugen will, seine Wünsche und Vorstellungen begründet, oder für bzw. gegen etwas Partei ergreifen möchte. Um zu diesem Ziel zu kommen, benötigt man eine stichhaltige Argumentation. Dabei wird zunächst eine Behauptung aufgestellt, zu dieser wird dann eine Begründung geliefert, welche mit Argumenten gestützt wird. Soweit die gängige Lehre. Doch all die Argumentationsleitfäden und -theorien verschweigen eine Voraussetzung, die nach meiner Beobachtung so gut wie nie gegeben ist: Dass der Gesprächspartner offen und zuhörbereit ist und sich gedanklich mit dem, was er gerade hört, wirklich auseinandersetzen möchte. Denn was hilft die noch so ausgefeilteste Argumentation, wenn sie nicht auf offene Ohren stößt? Ein Redner ohne Zuhörer ist wie ein Kissen ohne Füllung. Das eine setzt das andere voraus.

Sie mögen sich gerade vergegenwärtigen, wie es Ihnen geht, wenn ein anderer Sie von seiner Sichtweise ungefragt überzeugen will und wie offen und zuhörwillig Sie sich auf dessen Argumente einlassen können oder auch wollen. Sind Sie bei einem Thema tatsächlich aufgeschlossen und interessiert, dann benötigt Ihr Gegenüber keine Argumente, sondern reagiert lediglich erklärend auf Ihre aus dem Zusammenhang entstehenden Fragen. Das kann Sie im besten Fall tatsächlich überzeugen. Im Ergebnis haben Sie sich dann selbst von etwas überzeugt.

Will ein anderer uns jedoch überzeugen, reagieren wir in den allermeisten Fällen mit Widerstand.

- In erster Linie **wird unsere Freiheit,** die Dinge so zu sehen, wie wir sie nun mal sehen, **eingeschränkt.**
- Darüber hinaus **bestimmt der andere über unsere Zeit,** indem er auf uns einredet, ohne dass wir darum gebeten haben. Das ist auch ein Ausdruck von Geringschätzung.
- Und schließlich **wird unsere Kompetenz** in dieser Angelegenheit **infrage gestellt,** weil der andere schon entschieden hat, dass und warum dieses Thema für uns von Bedeutung ist oder sein sollte.

Wer argumentiert, will ja den Standpunkt seines Gesprächspartners ernsthaft erschüttern, um dem eigenen Standpunkt Geltung zu verschaffen. Eine solche Auseinandersetzung endet zwangsläufig mit einem Sieger und einem Unterlegenen, dem die Gegenargumente ausgegangen sind. In der Konsequenz bedeutet dies aber: **Wer argumentiert, erzeugt Verlierer.** Und weil Verlierer den Sieger meiden, heißt das in letzter Konsequenz: Wer argumentiert – verliert. Mir ist bewusst, wie sehr diese Aussage provoziert, wird doch überall gelehrt, wie wir besser argumentieren und überzeugen können. Wir müssen uns allerdings folgendes klar machen:

Ihre Argumente und Begründungen mögen noch so gut sein, solange Ihr Gesprächspartner nicht bereit ist zu verlieren, wird auch der überzeugendste Appell an die Vernunft auf taube Ohren stoßen. Fühlt er sich und seinen Standpunkt angegriffen, wird er alles tun, um seine Sicherheit zu bewahren. Darum wird er eher die Flucht antreten, als Ihnen zuzuhören, geschweige denn sich zu bemühen, Ihren Standpunkt ernsthaft zu verstehen.

In Schule und Ausbildung wurden wir jahrelang daran gewöhnt, auf die Logik zu vertrauen und auf die Macht der Argumente zu setzen. Doch bei Auseinandersetzungen korreliert die Bereitschaft, zuzuhören mit dem Grad der Akzeptanz gegenüber der eigenen, abweichenden Meinung. Oder anders formuliert: Warum sollten Sie jemandem zuhören, der sich überhaupt nicht für Ihre Sichtweise interessiert? So erklärt sich, warum bei Differenzen die Zuhörbereitschaft im Regelfall eher gering ausfällt. Bei unterschiedlichen Standpunkten mag hart gestritten werden, aber ich kann selten feststellen, dass die Beteiligten an irgendeinem Erkenntnisgewinn interessiert sind. Im Gegenteil: **Im Moment des Widerspruchs neigen die allermeisten Menschen dazu, statt zuzuhören einzig ihren eigenen Standpunkt voranzubringen.** Dabei geraten der Gesprächspartner und seine Sichtweise zunehmend aus dem Blick. Schnell geht es nur noch darum, Recht zu behalten. Ein abschreckendes Beispiel sind Parlamentsdebatten, bei denen es leider gar nicht darum geht, sich überzeugen zu lassen, sondern im Gegenteil: Die Abgeordneten einer Partei lassen sich von den Argumenten anderer Parteien keineswegs bewegen, sondern sind emsig bemüht, einander vorzuführen.

Es wird oft behauptet, dass gezieltes Argumentieren die Königsdisziplin zum Erfolg sei. Das mag möglicherweise bei Parlamentsdebatten oder auch in Talkshows gelten, weil es für die eigene Karriere zielführend sein kann, siegreich aus einem Schlagabtausch hervorzugehen. Ich bezweifle, dass das auch für die Gehaltsverhandlung mit dem Vorgesetzten, Preisverhandlungen mit einem Kunden oder auch die abendliche Diskussion ums Fernsehprogramm gilt. Die Befürworter behaupten zwar, dass stets der Erfolg habe, der besser argumentieren könne. Im Berufsleben hilft das jedoch eher selten, weil man danach immer noch mit den besiegten Kollegen zusammenarbeiten muss. Auch neigen Kunden dazu, sich einen anderen Lieferanten zu suchen oder anderweitig umzusehen, wenn sie als Verlierer aus einer Verhandlung hervorgehen. Und im Privatleben untergräbt jede gewonnene „Verbalschlacht" Vertrauen und schmälert den Wunsch nach Nähe oder gar Intimität. Manch gewonnener Schlagabtausch entpuppt sich hinterher als **Pyrrhussieg** (= die Schlacht zwar gewonnen, aber den Krieg verloren), weil der Verlierer schmollt, das siegreiche Konzept unterläuft oder sonst wie auf Widergutmachung sinnt. Rache resultiert ja aus dem Wunsch, die eigene Niederlage dadurch erträglicher zu machen, dass es dem Sieger auch schlecht gehen soll. Das nennen wir dann merkwürdigerweise Genugtuung.

Wer davon überzeugt ist, dass seine Idee genial ist, dass er Recht hat und darum alle anderen falsch liegen, ist natürlich verführt, sich über seine Gesprächspartner zu erheben. Das führt aber dazu, dass sich der Argumentierende anmaßt, dass das, was er zu sagen hat, für den anderen relevant ist und er darum ein Recht, wenn nicht sogar die Pflicht hat, diesen mit seinen Argumenten zu „beglücken", „zuzutexten" oder totzuquatschen.

Diese Selbstüberschätzung wird gern begründet mit Sätzen wie:

Ich meine es doch nur gut.

Ich will doch nur helfen.

Jeder vernünftige Mensch sieht das ein.

Ich verstehe nicht, wie man das nicht verstehen kann.

Wie kann man nur so verbohrt sein, das nicht einsehen zu wollen.

Einer muss es ihm/ihr doch mal sagen.

Ich kann doch nicht warten, bis die von selbst draufkommen. Usw.

Wer so argumentiert, übersieht, dass er seine Meinungen oder gar Vermutungen wie Tatsachen darstellt. Über Fakten und darauf aufbauende Schlussfolgerungen kann tatsächlich diskutiert werden. Meinungen werden dagegen wie persönlicher Besitz verteidigt.

Wir können hier die gleiche Selbstverständlichkeit beobachten, mit der Fragende für sich in Anspruch nehmen, andere zum Objekt ihrer Fragelust und Neugier zu machen, gemäß dem Motto: „*Man wird ja wohl noch fragen dürfen.*" Wie im 1. Kapitel ausgeführt, werden distanzlose Fragen mit einer solchen Selbstverständlichkeit und Vertraulichkeit gestellt, dass viele gar nicht merken, wie sie ausgehorcht werden und anschließend ganz verwundert sind, überhaupt eine Antwort gegeben zu haben.

Beim Argumentieren wird das gleiche Recht reklamiert, andere mit der eigenen Überzeugung zu konfrontieren, gemäß dem Motto: *„Man wird ja wohl noch seine Meinung äußern dürfen"*. Oftmals ist man als Gesprächspartner dann genauso verblüfft, sich ungewollt auf die Argumente des anderen eingelassen zu haben. Das ist eine weitere Falle: Wir reagieren spontan auf den Inhalt und befinden uns unversehens in der **Reaktionsfalle**. In diese Falle schlittern wir umso schneller, wenn der andere seine Ansicht, seine Empfehlung einfach so in den Raum stellt. Denn ehe wir darüber nachdenken, worauf das abzielen soll, reagieren wir bereits zustimmend oder eben auch ablehnend. Dabei machen wir uns selten klar, wie viel Energie wir bei ganz alltäglicher Konversation darauf verwenden, dem anderen zu widersprechen. Oder wie reagieren Sie bei den folgenden Beispielen?

Elektrofahrräder sind doch nur etwas für ältere Leute.

Alle Engländer haben einen schwarzen Humor.

Wer sich „Fack ju Göhte" freiwillig anschaut, hat sie nicht mehr alle.

Du solltest mal Urlaub machen, du siehst ja ganz geschafft aus.

Wenn dein Familienurlaub gelingen soll, buchst du bei Robinson-Club.

Sie gehen am besten zum Chef, der wird Sie unterstützen.

Das Boot ist voll. Wir können doch nicht jeden aufnehmen.

Wer die eigenen Überzeugungen, Standpunkte und Verhaltensweisen als die einzig richtigen betrachtet, neigt zu der Haltung: Was für einen selbst gilt, gilt auch für alle anderen. Das ist zwar in der Regel völlig unreflektiert, aber höchst gefährlich: Dieses Verhalten muss als **übergriffig** bezeichnet werden. Es ist nämlich ein zudringliches, auch Grenzen verletzendes Verhalten, einen anderen auf den „richtigen" Weg führen zu wollen und ihn also als hilfsbedürftig zu behandeln. Dabei wird nicht geprüft, ob der andere dieser Hilfe tatsächlich bedarf und, was noch viel wichtiger ist, ob er sie auch will. Wer überzeugt ist, zu wissen, was für andere gut oder schlecht ist, und zwar besser als diese selbst, muss nicht prüfen, wie weit diese zuhören wollen. Dieser Selbstzweifel existiert nicht oder soll mittels der eigenen Argumente nachhaltig außer Gefecht gesetzt werden. Ich vermute, dass mancher sich so gern argumentativ in Szene setzt, um die eigene Sicherheit zu bewahren und sich weiterhin als „normal" und „gut" zu fühlen; vielleicht auch um sich selbst größer zu fühlen als andere.

Philosophisch formuliert können wir mit *Platon* Meinungen als Glaubenssätze betrachten, die auf Erfahrungen gründen. Leider zeigt sich, dass man auch eine Meinung frei von jeglicher Anschauung bzw. eigenem Erleben haben kann. Sonst wäre beispielsweise die Sorge vor Überfremdung durch Flüchtlinge nicht dort am größten, wo es gar keine Flüchtlinge gibt, oder das Schimpfen auf Internetabhängigkeit ausgerechnet von Menschen, die über keinen Facebook-Account verfügen. Da nur zu oft Vermutungen und Meinungen wie Tatsachen dargestellt werden, gilt es, auf der Hut zu bleiben und sich die Unterschiede immer wieder zu vergegenwärtigen und gegebenenfalls auch laut auszusprechen, beispielsweise:

- *„Wenn ich Sie richtig verstehe, vermuten Sie, dass …"*
- *„Du nimmst an, dass es so ist."*
- *„Sie gehen davon aus, dass es da einen Zusammenhang gibt."*
- *„Du glaubst, dass es sich so verhält."*
- *„Ihre persönliche Ansicht dazu habe ich jetzt verstanden."*
- *„Deiner Auffassung nach handelt es sich um Fakten."*
- *„Sie betrachten das für sich als…"*

Argumente und Begründungen gegeneinander abzuwägen, klingt zwar vernünftig, führt aber in aller Regel zu einer Verhärtung der Fronten. Warum sollte auch jemand seinen Standpunkt aufgeben, nur weil ihm jemand ungefragt eine andere Sichtweise überstülpen möchte? Und weshalb sollte man sich argumentativ helfen lassen, wenn man sich selbst gar nicht als hilfsbedürftig empfindet? Widerspruch erscheint notwendig, um nicht zu verlieren. Mit Verlieren meine ich nicht nur den Verlust der eigenen Überzeugung, sondern auch den **Verlust der persönlichen Gewissheit,** die letztlich die Identität ausmacht.

Es erstaunt mich immer wieder, wie empfindlich Argumentierende reagieren, wenn ihnen widersprochen wird und wie schnell Gegenargumente als unausgereift, abwegig oder absurd abqualifiziert werden. Mancher reagiert auf Widerspruch mit Sympathieentzug und wird gereizt, wenn jemand eine andere Meinung hat. So stehen sich jetzt zum Beispiel „besorgte Bürger" und „Gutmenschen" aggressiv gegenüber. Es ist mittlerweile Mode geworden, gegnerische Äußerungen mit „Fake News" und „Lügenpresse" niederzumachen. Dabei ist es immer wieder erstaunlich, wie der eigene Standpunkt nicht sachlich untermauert, sondern hochemotional verteidigt wird.

Es ist ein **Gebot der Wertschätzung,** zu Beginn eines Gesprächs zu prüfen, wie weit der andere an dem Thema, das einen selbst beschäftigt, überhaupt interessiert ist. Zudem gilt es ebenfalls zu klären, ob der Zeitpunkt für den anderen passt und was er gegebenenfalls benötigt, um sich auf das Gespräch einlassen zu können. Zugegeben, das klingt erst einmal befremdlich, denn wenn Sie das ernsthaft jedes Mal prüfen, werden Sie in der Mehrzahl der Fälle keine Chance haben, Ihre Wünsche und Interessen argumentativ zu untermauern. Das liegt schlicht und ergreifend daran, dass unsere Gesprächspartner gerade keine Aufgeschlossenheit oder, salopp formuliert, keinen Nerv für unser Anliegen haben.

Vielleicht ist das auch der Grund, warum auf den zu überzeugenden Zuhörer so wenig Rücksicht genommen wird: Man ahnt insgeheim, dass der andere alles andere als aufnahmebereit ist.

Stellen Sie sich vor, Sie würden zu Beginn eines Gesprächs erst einmal um eine Entscheidung gebeten:

Ich möchte gern XYZ anschaffen und möchte dich gewinnen, das zu unterstützen. Würdest du dir meine Gründe dafür mal anhören? Und wenn ja, wann wäre für dich ein geeigneter Zeitpunkt? *Oder:*

Ich habe zu ABC eine ganz klare Position. Ich finde es wichtig, dass möglichst viele diese Position ebenfalls vertreten, darum werbe ich dafür. Unter welchen Bedingungen wärst du bereit, dich mit meinen Argumenten auseinanderzusetzen? *Oder:*

Ich würde Ihnen gern unser neues Modell präsentieren, weil ich seine Vorzüge einzigartig finde. Ich weiß aber nicht, ob Sie im Moment überhaupt interessiert sind. *Oder:*

Ich bin überzeugt, dass es für unsere bisherige Arbeitsaufteilung Alternativen gibt. Gern möchte ich Ihnen meine Ideen dazu erläutern, ich weiß aber nicht, ob mögliche Änderungen für Sie überhaupt infrage kommen.

Sie merken schon, so wird üblicherweise nicht um Aufmerksamkeit gerungen. In der Standardargumentation wird davon ausgegangen, dass eine logische Abfolge gut vorgetragener Argumente nicht nur das Zuhören automatisch begünstigt, sondern auch zu der gewünschten Reaktion, sprich Überzeugung des anderen führt. Wenn es so einfach wäre, gäbe es keine Grabenkämpfe und erbitterten Konflikte. Dann würden wir uns die Argumente der anderen Seite anhören, nachfragen bis wir sie verstanden haben und schließlich prüfen, welche Konsequenzen daraus folgen. Sie mögen sich allerdings fragen, wann Sie sich zuletzt von einem anderen Menschen haben überzeugen lassen und wie es Ihnen emotional während dieser Auseinandersetzung ging und welches Gefühl Sie im Nachhinein mit diesem Disput verbinden.

Ehe ich erläutere, welche Möglichkeiten ich sehe, sich für die eigenen Überzeugungen einzusetzen, ohne übergriffig zu werden, möchte ich Ihnen zuvor Wege aufzeigen, wie wir uns vor der **Argumentationsfalle** schützen können. Da Widerspruch die Fronten verhärtet, müssen wir anders reagieren.

Machen wir uns zunächst klar: Wer überzeugt ist, die „richtigen" Argumente zu haben, wird von einem zentralen Gefühl getragen: **Sicherheit.** Und diese Gewissheit gilt es zum Thema zu machen. Hier nutzen wir einen psychologischen Trick: Da alle Gefühle unbewusst und unwillkürlich entstehen, also nicht unserem Willen unterliegen, heben wir sie ins Bewusstsein, indem wir sie einfach ansprechen. Denn dadurch verliert jedes Gefühl seine Spontaneität und Eigendynamik. Manchmal reicht es, die Gewissheit Ihres Gegenübers allein dadurch zu reduzieren, dass Sie lediglich Ihrem Erstaunen Ausdruck verleihen, beispielsweise:

- *„Du bist dir da völlig sicher."*
- *„Sie scheinen sich total gewiss zu sein."*
- *„Deine Sicherheit erstaunt mich."*
- *„Für Sie gilt das unzweifelhaft."*
- *„Ich bin überrascht, wie absolut Sie das darstellen."*
- *„Mich erstaunt, dass du keinerlei Skepsis hast."*

So bestätigend diese Äußerungen auf den ersten Eindruck wirken, so sehr tragen sie letztlich zur Verunsicherung bei. Aufgrund von Erfahrung rechnet Ihr Gegenüber mit Einwänden und Widerspruch. Stattdessen wird ihm seine Gewissheit zweifelsfrei bestätigt, und das führt paradoxerweise gerade zu **Zweifeln.**

Sie können das selbst leicht testen: Denken Sie an irgendetwas, an das Sie fest glauben, das für Sie eine hohe Sicherheit hat, vielleicht sogar zweifelsfrei gilt. Sobald Sie sich fragen, was Sie eigentlich so sicher macht und darüber nachdenken, woher Sie diese Sicherheit nehmen, kommen Sie ins Grübeln und flugs stellen sich Zweifel ein.

Sie können die Gewissheit des anderen noch stärker thematisieren, wenn Sie ihn auffordern, diese für Sie nachvollziehbar zu begründen.

Folgende Formulierungsbeispiele mögen Sie dabei unterstützen, den anderen zum Sich-Erklären zu bringen:

- *„Irgendetwas macht dich völlig sicher, dass es nur diese Lösung gibt und alle Alternativen in die Irre führen. Das möchte ich gern verstehen."*
- *„Ich merke, dass Sie von Ihrer Meinung total überzeugt sind. Ich möchte gern begreifen, was Ihnen diese Sicherheit gibt."*
- *„Okay, ich habe jetzt gehört, dass nur dieser Weg zum Ziel führt. Ich kann noch nicht nachvollziehen, woher diese Gewissheit kommt und warum wir nicht über andere Möglichkeiten nachdenken dürfen."*
- *„Für dich gibt es überhaupt keinen Zweifel, dass es sich genauso zugetragen hat. Vielleicht kann ich es nachvollziehen und genau so sehen, wenn du mir beschreibst, wie du zu dieser Überzeugung gekommen bist."*

Ich staune immer wieder, mit welch einfachen Mitteln Menschen zu verunsichern sind, die noch kurz zuvor ihre Sichtweise mit felsenfester Überzeugung dargestellt hatten. Für den Fall, dass sich Ihr Gegenüber in pauschale Behauptungen flüchtet, in der Art:

Das ist eben so.

Wie kann man da noch zweifeln?

Weil ich mich auskenne.

Fakten sind halt Fakten.

Jeder, der nur etwas Grips hat, kapiert das.

Weil es alternativlos ist und jede Diskussion nur Zeitverschwendung ist.

können Sie das gleiche Reaktionsmuster anwenden, das ich bereits im ersten Kapitel vorgeschlagen hatte, indem Sie transparent machen, was hier gerade passiert:

- *„Du hast mir immer noch nicht erklärt, was dich so sicher macht."*
- *„Aus irgendwelchen Gründen möchten Sie nicht, dass ich verstehe, worauf Ihre Gewissheit beruht."*
- *„Ich habe immer noch nicht verstanden, wie du zu dieser Überzeugung gekommen bist."*
- *„Sie möchten, dass ich zustimme, auch wenn es mir ein Rätsel ist, was Sie so zuversichtlich stimmt."*
- *„Was dich so sicher macht, willst du mir nicht verraten."*
- *„Ich möchte verstehen, wieso das für Sie unzweifelhaft so ist."*

Zum Transparentmachen gehört auch, den **Übergriff** zu thematisieren. Dazu beschreiben Sie, was der andere macht, was er in Ihren Augen zu beabsichtigen scheint und wie es Ihnen damit gerade geht.

Auch hier will ich Ihnen einige Formulierungsbeispiele anbieten:

- *„Du erklärst mir, warum deine Meinung richtig ist. Ich vermute, dass du meine Zustimmung erwartest. Ich fühle mich überrumpelt und mit meiner Sichtweise überhaupt nicht ernstgenommen."*
- *„Sie haben mir jetzt alle Vorteile dargestellt. Das soll mich wahrscheinlich überzeugen. Ich bin mir unsicher, ob meine Meinung dazu überhaupt interessiert."*
- *„Ich habe jetzt fünf Argumente gehört, die für diese Entscheidung sprechen. Die Handlungsaufforderung zielt darauf ab, dass ich das bejahe. Ich merke, wie mich das unter Druck setzt."*
- *„Ich habe jetzt gehört, dass das alternativlos ist, dass das eigentlich jedem klar sein muss und dass jede weitere Diskussion Zeitverschwendung ist. Das provoziert geradezu meinen Widerspruch."*

Haben wir allerdings den Eindruck, dass uns der andere belehren will, von oben herab behandelt oder davon ausgeht, dass wir seiner argumentativen Unterstützung bedürfen, hilft es ungemein, genau das zum Thema zu machen. Denn nach meiner Beobachtung ist übergriffiges Verhalten weder geplant noch absichtlich. Eine wertschätzende Rückmeldung kann dem anderen helfen, sein Verhalten so zu korrigieren, dass wir uns auf ein ernsthaftes Gespräch einlassen wollen, beispielsweise:

- *„So, wie du deinen Wunsch gerade argumentativ untermauerst, habe ich den Eindruck, ich bin deine Schülerin, der man die Augen öffnen muss für das, was du für Realität hältst."*
- *„Irgendwie scheinen Sie mich für hilfsbedürftig zu halten und ohne mich zu fragen, ob ich überhaupt Hilfe benötige, halten Sie es für notwendig, mich auf den richtigen Weg zu führen."*
- *„Ich gewinne gerade den Eindruck, dass du mich für deine Sache missionieren möchtest. Wie es mir damit geht, scheint dich gar nicht zu interessieren."*

Allen meinen Vorschlägen ist gemeinsam, dass sie dem Gegenüber die Möglichkeit eröffnen, frei von Gesichtsverlust mit uns in einen echten Dialog zu treten und sich für uns und unsere Überzeugungen zu öffnen. Sollten wir bei so einem Gespräch entdecken, dass wir bei unserer Sichtweise bislang irgendetwas übersehen oder nicht bedacht haben, ist das nicht nur erhellend, sondern führt problemlos zu einer veränderten Anschauung. Eine Meinungsänderung aus freien Stücken fällt uns umso leichter, wenn wir den anderen als ehrlich interessiert erleben.

Schließlich möchte ich noch auf die **Selbstdarsteller** eingehen, die es immer wieder fertigbringen, sich in kleinen Gruppen oder im geselligen Beisammensein mit ausgefeilten Argumenten in Szene zu setzen. In der Sache erweisen sie sich dabei als hoch kompetent, lassen aber kaum jemand anderen zu Wort kommen. Die zum Schweigen verdammten Zuhörer erleben dies zumeist als ermüdend, weil es zu keinem Miteinander kommt. Auch will sich kein rechter Erkenntnisgewinn einstellen, weil von vornherein klar ist, dass der „Fachmann" weiß, was Sache ist und aus purer Freundlichkeit den Rest der Runde an seinem profunden Wissen teilnehmen lässt. Wer höflich abwartet, bis der „Experte“ eine Pause einlegt, wird lange warten müssen. Das birgt allerdings das Risiko, dass die Stimmung kippt, weil zwischenzeitlich Unmut aufkommt und sich jegliches Wohlwollen in Luft auflöst.

Auch wenn es der Konvention und unserer „guten Erziehung“ widersprich, sollten wir intervenieren. Es ist zielführend, ein beherztes *„Stopp!“* einzuwerfen.

Mithilfe des *„Stopp!“* können Sie klären, was das eigentliche Ziel dieses Disputs sein soll. Wenn es Ihnen dann noch gelingt, die Kompetenz des anderen zu würdigen, wird das Wortabschneiden nicht als aggressiver Akt, sondern als wertschätzende Zuwendung wahrgenommen.

Auch hier biete ich Ihnen wieder einige Formulierungsbeispiele an, die Sie bei der Umsetzung unterstützen können.

- *„Stopp! Sie kennen sich da bestens aus. Ehe Sie weitermachen, möchte ich zuvor klären, was das Ziel unseres Gesprächs ist. Mir ist nicht klar, ob wir Ihnen zuhören sollen, ob Sie andere Sichtweisen interessieren oder welchen Gewinn dieses Gespräch für uns haben kann.“*
- *„Halt! Du kommst gerade in einen wunderbaren Redefluss, weil du auf diesem Gebiet echt Ahnung hast. Ich kann mich noch besser auf das Gespräch einlassen, wenn ich weiß, wohin die Reise geht, also was am Ende rauskommen soll. Möchtest du uns einen Vortrag halten oder unsere Wissenslücken schließen oder worum geht es dir gerade?“*
- *„Ich muss hier gerade unterbrechen. Ich kann diese Argumente noch konzentrierter aufnehmen, wenn ich verstehe, worauf das abzielt. Sobald ich weiß, dass ich nur zuhören und zustimmen soll, höre ich anders zu, als wenn es darum geht, miteinander in einen Dialog zu kommen, um neue Ansichten kennen zu lernen.“*

Nach meiner Erfahrung führt diese wohlwollende Unterbrechung bei den meisten Selbstdarstellern zu einem Innehalten und einer Neuausrichtung der Gesprächsrunde. Zumal dadurch die Möglichkeit geboten wird, frei von Gesichtsverlust eine allgemeine Zielklärung vorzunehmen.

Für die hartgesottenen Monologisierer, die sich selbst gern reden hören und keinerlei Anzeichen von Interesse für andere Positionen zeigen, müssen wir noch deutlicher werden. Bei den folgenden Beispielen können Sie prüfen, wie sehr sich die Überzeugungskraft in den einleitenden Sätzen auf Sie auswirkt und wie viel Überwindung es kostet, ein zweites Mal zu intervenieren:

Jetzt lasst mich doch erst einmal ausreden. Es geht doch hier nicht um Meinungen, sondern um Wissen. Ich kenne mich da wirklich aus und ihr solltet mal eure subjektiven Ansichten zurückstellen und euch auf Fakten einlassen. Also, es ist doch so…

Stopp! Du möchtest uns an deinem Wissen teilnehmen lassen. Daraus schließe ich, dass dieses Gespräch für dich keinerlei Gewinn haben wird, denn du sprichst nur über das, was du ohnehin schon weißt. *Oder:*

Damit wir das Gesprächsziel nicht aus den Augen verlieren, will ich noch mal kurz zusammenfassen, was bislang für XYZ spricht …

Halt! Sie möchten gern fortfahren und sind gewiss hierbei eine Kapazität. Nur noch einmal zum Verständnis: Was genau ist jetzt unsere Rolle? *Oder:*

Selbstverständlich bin ich an euren Meinungen interessiert. Aber wir können viel Zeit und Energie sparen, wenn ich euch mal kurz erkläre, wie das richtig geht.

Also jetzt mal halblang! Wir Deppen sollen einfach mal den Schnabel halten, weil du weißt, wie das richtig geht. Es mag durchaus sein, dass du auf diesem Gebiet ein Experte bist, gleichzeitig fühle ich mich wie ein kleiner Schuljunge behandelt. Für mich ist das die denkbar schlechteste Ausgangsposition, um miteinander zu einer Lösung zu kommen.

Vielleicht haben Sie beim Lesen gestockt und gedacht, dass hier aber ganz schön ausgeteilt wird. Hinter diesem Vorgehen steht eine wichtige Erkenntnis:

Wir werden nur in dem Maße von anderen ernst genommen, mit dem wir uns selbst ernst nehmen.

Wer aus Höflichkeit den anderen reden lässt, wird immer wieder die unangenehme Erfahrung machen, Opfer eines selbstdarstellenden Redeschwalls zu werden. Ich unterstelle den **Selbstdarstellern** gar keine böse Absicht. Solange sie die Erfahrung machen, dass ihnen alle zuhören, müssen sie ja davon ausgehen, dass ihr Redeschwall gut ankommt und zielführend ist. Erst eine Rückmeldung bzw. deutliche Stellungnahme gibt ihnen die Möglichkeit, mit uns in Resonanz zu treten. Dafür müssen wir uns allerdings erst einmal selbst ernst nehmen und aussprechen, was uns gerade am Zuhören hindert.

Ich habe immer wieder betont, dass der Argumentierende sich seiner Sache sicher ist und davon ausgeht, mit all seinen Begründungen richtig zu liegen. Ob das wirklich zutrifft, lässt sich mit einer simplen **Aufforderung** überprüfen.

Bitten Sie einfach darum, die Einzelheiten einer Erklärung noch genauer auszuführen.

Rasch zeigt sich, dass der Argumentierende zwar glaubt, etwas zu wissen, doch sobald er aufgefordert wird, dies detailgenau zu erklären, erweist sich dies nur zu oft als ungenügend. In der Kognitionspsychologie nennt man dies die **Illusion der erklärenden Tiefe.** Gemeint ist damit die verbreitete Selbstüberschätzung, zu glauben, einen Sachverhalt verstanden zu haben oder genau zu wissen, wie etwas funktioniert. In der Folge wird entsprechend überzeugt argumentiert, bis zu dem Augenblick, da man gebeten wird, zu erklären, wie es genau funktioniert, in welcher Beziehung die verschiedenen Details miteinander verknüpft sind, woraus etwas entstanden ist oder welche Konsequenzen sich daraus ergeben. Allerdings birgt dieses Vorgehen das Risiko den anderen auflaufen zu lassen, was zugegeben nicht sehr wertschätzend ist.

Sie können das für sich überprüfen, indem Sie irgendeinen Sachverhalt, den man üblicherweise zur Allgemeinbildung zählt, genau erläutern. Als ich diesen Test zum ersten Mal für mich gemacht hatte, war ich peinlich berührt, wie schnell ich ins Stottern kam bei dem Versuch, Ebbe und Flut genau zu erklären und warum es unterschiedliche Fluthöhen je nach Breitengrad gibt. Sie können gerade prüfen, wie gut Sie folgende Phänomene erläutern können:

Wie erklären Sie den Klimawandel und seine Folgen?

Welchen Einfluss haben die Längengrade auf die Tageszeit?

An welchen Unterscheidungsmerkmalen lassen sich verschiedene Epochen voneinander abgrenzen? Musik/Kunst/Architektur?

Was ist der Unterschied zwischen Effektivität und Effizienz?

Statt also den gehörten Argumenten etwas entgegenzusetzen, zu widersprechen oder zu bestreiten, können Sie mittels Nachfragen rasch erkennen, wie tief Ihr Gegenüber in der Materie Bescheid weiß. Im besten Fall erhalten Sie verständliche und auch stimmige Erklärungen, die Ihnen helfen, den Sachverhalt nun selbst gedanklich zu durchdringen. Andernfalls sollten Sie sich nicht scheuen, vertiefend nachzufragen und gegebenenfalls den anderen sofort zu unterbrechen, wenn Sie etwas hören, das Ihnen nicht spontan einleuchtet. Salopp formuliert, wird mit diesem Vorgehen „die Spreu vom Weizen getrennt".

Genauso leicht sitzt jeder von uns dem klassischen Selbstbetrug auf, sich einzubilden, etwas wirklich verstanden zu haben. Wir können uns die **Illusion des Verstehens** bewahren, weil wir viel zu selten aufgefordert werden, unseren „Durchblick" genau zu begründen, unser sogenanntes Wissen verständlich zu erklären. Sie können das bei Ihrem nächsten Vorschlag, den Sie unterbreiten wollen, einmal ausprobieren: Statt für Ihre Idee zu werben und Argument an Argument zu heften, erklären Sie, wie Sie zu dieser Idee gekommen sind und welche Auswirkungen eine mögliche Umsetzung haben könnte.

Ebenso mögen Sie bei nächster Gelegenheit prüfen, wie nachvollziehbar Ihr Gegenüber seine Argumente erklären kann und welche Auswirkungen dieses Nachfragen auf das weitere Gespräch hat.

Kommen wir nun zu den Möglichkeiten, sich für die eigenen Überzeugungen einzusetzen, ohne übergriffig zu werden. Dazu knüpfe ich bei unserem letzten Gedanken, dem Nachfragen an:

Wenn Sie sich auf eine Argumentation, eine Verhandlung Wenn Sie sich auf eine Argumentation, eine Verhandlung oder ein Gespräch mit gegensätzlichen Standpunkten vorbereiten, prüfen Sie vorab, wie gut Sie Ihre Position erklären können. Leiten Sie plausibel her, wie Sie zu Ihrem Standpunkt gekommen sind und wohin das führen kann oder soll, was Sie vertreten.

Wenn wir gewissenhaft unsere eigene Position so überprüfen, werden wir womöglich auf Widersprüche und Lücken stoßen. Das mag zunächst einmal frustrierend sein, weil es uns aus unserer Illusion des Verstehens reißt, wenn wir entdecken müssen, wie löchrig unsere Begründung ist. Sind wir neugierig und lernbereit, kann uns das für die Standpunkte der Gegenseite nachsichtiger und moderater stimmen.

Wer stattdessen auf die entdeckten Defizite abwehrend reagiert, flüchtet sich in subjektive Begründungen, um die verloren gegangene Sicherheit zurückzugewinnen. Es ist leichter, eine Meinung zu begründen, als genau zu erklären, wie ein Sachverhalt aufgebaut ist und welche Konsequenzen sich daraus ergeben. Denn unser Für und Wider können wir vertreten, auch ohne viel von der Sache zu verstehen. In dem altmodischen Wort „Fürwahrhalten" wird deutlich, dass etwas auch ohne hinreichenden Sachverstand für wahr gehalten werden kann. Viele Menschen neigen dazu, logische Probleme auf der Basis persönlicher Alltagserfahrung und ohne methodisches Schlussfolgern zu lösen. Dies wird erst recht deutlich im Kontext von Bewertungen. Um etwas zu befürworten oder abzulehnen, bedarf es keiner genauen Analyse, keines peniblen Nachforschens. Das Bewerten ersetzt dann das Verstehen. Und staunend vernimmt man, wie ein Bundesminister erklärt, dass Gesetze nicht gelten sollen, wenn sie gegen den gesunden Menschenverstand verstoßen. In der Konsequenz sind Gerichtsurteile nur Meinungen, die man je nach Lage akzeptieren kann oder auch nicht.

Sie mögen einmal probieren, wie leicht es Ihnen fällt, eine sogenannte Bauchentscheidung im Sinne von „finde ich gut" rational zu erklären, also „objektive" Gründe für Ihre subjektive Bewertung anzuführen. Beispielsweise:

Wie begründen Sie Ihre letzte Urlaubsentscheidung? Warum gerade dort?

Was hat Ihren Autokauf beeinflusst? Auch die Farbe?

Wie lässt sich Ihre Wahl aus der Speisekarte „objektiv" begründen?

Wie erklären Sie, warum Sie ein bestimmtes Musikstück anspricht?

Wie können Sie nachvollziehbar machen, weswegen Sie etwas nicht tun?

Welche rationalen Gründe gibt es für Ihren Wohnstil/Ihr Haus/Ihren Garten?

Ich räume ein, dass meine Aufforderung eine Zumutung darstellt, weil Sie aus der Illusion der erklärenden Tiefe gerissen werden. Stichhaltige Gründe anzuführen, erfordert eine sowohl langwierige als auch aufwendige Herangehensweise, die wir uns üblicherweise schenken, weil uns die Bewertung bereits genügt.

Ich hatte erklärt, dass wenn wir neugierig und lernbereit sind, uns das für die Standpunkte der Gegenseite nachsichtiger und moderater stimmen kann. Und genau diese Haltung sollten wir unserem Gegenüber auch ermöglichen. Wenn es uns gelingt, den anderen neugierig zu machen, wird er uns Fragen stellen, die wir gern beantworten werden. Denn neugierig sein heißt, Fragen zu stellen und Dinge in Frage zu stellen. Im besten Fall lernt der andere eine neue Sichtweise kennen und kann für sich prüfen, was er darüber hinaus benötigt, um sich diese zu eigen zu machen.

Sobald Ihr Gegenüber „was?", „wie?", „warum?" fragt, haben Sie sein Interesse geweckt. Wenn Sie die Neugier Ihres Gesprächspartners nicht entfachen, können Sie sich jede Argumentation sparen.

Lange Zeit ging man davon aus, der Mensch sei ein **homo oeconomicus,** ein rational handelndes Wesen und alles, was mit Emotionen zu tun hatte, war für Entscheidungsprozesse nachrangig oder gar unbedeutend. Vernünftige Entscheidungen, lautet ein Gemeinplatz, müssen mit kühlem Kopf getroffen werden, denn Gefühle und Vernunft schließen einander aus. Die Forschung sagt mittlerweile: **Kein Denken ohne Fühlen** (*A. Damásio*).[5] Im neueren Menschenbild gehen wir davon aus, dass Denken (Kognition), Fühlen (Affekt) und Wollen (Motivation) unser Handeln bestimmen. Dabei kommt einer Mischung aus Neugier und Interesse ein zentraler Faktor zu.

Man spricht in diesem Zusammenhang von **emotional turn** in der Forschung.

Für unsere Betrachtung ist es hilfreich zu verstehen, dass Neugier in erster Linie eine Emotion ist und zwar eine genauso grundlegende wie Freude, Wut und Ekel. Sie gehört neben Überraschung, Verwirrung und Ehrfurcht zu den emotionalen Bewertungen, die mit unserem Denken und Lernen zu tun haben. Es konnte gezeigt werden, dass unser Gehirn Informationen erst verarbeitet, wenn sie bewertet wurden. Diese Bewertung erfolgt durch Fragen wie: Ist das neu? Ist das kompliziert? Was kann ich damit machen? Wozu ist das gut? Usw.

In der **Emotionstheorie** geht man davon aus, dass Emotionen von subjektiven Bewertungen kommen. Demnach bewerten Menschen die Bedeutung, die ein Ereignis oder Problem für sie hat. Diese Beurteilungen führen zu Emotionen. Dabei werden Emotionen nicht durch das, was passiert, hervorgerufen, sondern dadurch, wie bewertet wird, was gerade passiert.

Vor knapp zweitausend Jahren hat *Epiktet*, ein ehemaliger römischer Sklave und Stoiker, dies bereits so auf den Punkt gebracht: **„Nicht die Tatsachen, sondern die Meinungen, die wir über die Tatsachen haben, beunruhigen uns."**

Etwas später im Text führt er den Unterschied zwischen einem Weisen und einem Unweisen aus: „Der Unweise glaubt, dass die Dinge in Wahrheit so schlimm seien, wie sie ihm beim ersten Eindruck erscheinen, und befestigt die zuerst gefassten Vorstellungen nachträglich noch durch seine bewusste Zustimmung."[6] Für *Epiktet* bleiben die meisten Menschen töricht, weil sie sich falsche Bilder über die Dinge machen und an ihren Vorstellungen beharrlich festhalten und nicht auf die Idee kommen, sie einer Korrektur zu unterziehen.

Ganz ähnlich drückt es auch *William Shakespeare* aus, wenn er *Hamlet* sagen lässt: „Denn an sich ist nichts weder gut noch böse, das Denken macht es erst dazu!"

Daraus ergibt sich für unsere Fragestellung: Welche Bewertungen lassen Interesse entstehen?

Wenn wir einen Standpunkt vertreten wollen, können die folgenden zwei Einschätzungen im anderen etwas auslösen:

- Die Bewertung von **Neuheit** und Komplexität, d. h. alles, was neu, unerwartet, überraschend, rätselhaft, geheimnisvoll usw. ist.
- Die Bewertung der **Verständlichkeit,** dabei wird im Gehirn geprüft, ob die bereits vorhandenen Fähigkeiten bzw. das Wissen ausreichen, um die Situation bewältigen bzw. die Information verarbeiten zu können.

Wenn jemand eine Information als neu **und** als verständlich bewertet, dann wird er diese auch als interessant empfinden. Daraus folgt: Wenn das Interesse da ist, versuchen Menschen unerwartete Ereignisse zu verstehen. Daraus folgt:

Wenn es Ihnen gelingt, etwas sowohl neu als auch verständlich zu präsentieren, wird es interessant.

Wird hingegen Neues unverständlich dargestellt, wirkt es verwirrend und führt zu Abwehr und Flucht.

Uns wird zwar durch Werbung und Fernsehen suggeriert, dass etwas interessant wird, wenn es möglichst bunt ist und aufgepeppt wird, doch die Forschung sagt: Sachen werden interessant, wenn sie klar, strukturiert und überraschend sind.

Sie können das für sich am Beispiel moderner Kunst überprüfen. Wird Ihnen zu zeitgenössischer Malerei oder Musik vorab eine nachvollziehbare Erläuterung präsentiert, wächst die Wahrscheinlichkeit, dass Sie genau hinsehen oder hinhören. Fehlt jedoch eine für Sie plausible Ein- und Zuordnung, erscheint Ihnen alles eher chaotisch. Ihre mögliche Abwendung ist dann eine gesunde Schutzreaktion und das Ergebnis fehlenden Verstehens. Es gilt nämlich die Regel:

Ungewohnte und mit Gefahr bzw. unangenehmen Erinnerungen verknüpfte Wahrnehmungen lösen Stress und Abwehr aus.

Wenden wir uns also der Frage zu, was wir machen können, um unseren Gesprächspartner neugierig zu machen. Da Neugier, wie bereits ausgeführt, eine **Emotion** ist, betreten wir hier ein vorbelastetes Gebiet. Viele Menschen scheuen sich, ihre Emotionen zu zeigen, weil sie noch im Schatten des alten Menschenbildes stehen, das uns ausschließlich als „Kosten-Nutzen-Rationalisierer" (homo oeconomicus) betrachtet. Da zudem Emotionen als unberechenbar und damit nicht handhabbar gelten, haftet ihnen etwas Zweifelhaftes an. Zur Not mögen sie noch im Privatleben ihren Platz haben, aber in Geschäftsbeziehungen sollen sie doch bitte nicht auftauchen. Entscheidungen werden schließlich rational und nicht emotional getroffen. Dabei wird übersehen, dass „irrational" das Gegenteil von „rational" ist, so wie „emotionslos" das Gegensatzwort zu „emotional" bildet. Doch diese sprachliche Unterscheidung ist in der Alltagskommunikation eher unüblich. Da hält sich hartnäckig die Vorstellung, dass Emotionen etwas Privates, ja Intimes seien. Das geht allerdings an der Realität völlig vorbei, denn Menschen reagieren auf jede Information entweder positiv oder negativ, aber in jedem Fall emotional, z. B.:

Ein Mitarbeiter wird, ohne ihn in die Entscheidung einzubeziehen, in ein anderes Projekt versetzt. Bleibt der tatsächlich gleichmütig?

Eine Mitarbeiterin wird gefragt, ob sie sich den Belastungen einer bestimmten Arbeit aussetzen will, sie sei ja schließlich eine Frau. Soll diese Frage wirklich emotionslos beantwortet werden?

Einem Projektteam wird erklärt, dass sowohl der Abgabetermin vorgezogen wird als auch aus Kostengründen zwei Mitarbeiter abgezogen werden müssen. Werden die Kollegen diese Mitteilung völlig gefasst zur Kenntnis nehmen?

Einem Kunden wird mitgeteilt, dass der vereinbarte Liefertermin nicht möglich sei, weil in der Produktion eine Maschine ersetzt werden musste. Wird der Kunde das kommentarlos schlucken? Und welche Konsequenzen hat das für sein Geschäft?

Wie gefasst nehmen Mitarbeiter ihre Kündigung auf, wenn sie erfahren, dass der Produktionsstandort nach Osteuropa verlegt wird?

Treten wir jedoch in Vorleistung und teilen unsere eigene Neugier, unsere Überraschung oder auch Verwirrung mit, erleichtert dies dem Gegenüber, sich ebenfalls für diese Emotionen zu öffnen und seiner Neugier fragend Ausdruck zu verleihen, beispielsweise:

Ich war ganz überrascht, als ich die aktuellen Zahlen mit denen vom vergangenen Jahr verglichen habe. – Das lädt zur Frage „Wieso?" ein.

Es verblüfft mich, wie die Verantwortlichen auf die Veröffentlichung dieser Fakten reagieren. – Hier erfolgt vermutlich ein „Warum?"

Es macht mich komplett konfus, wie da entschieden wird. – Wahrscheinlich wird prompt nachgefragt: „Was ist passiert?"

Ich finde es spannend, herauszufinden, welche Alternativen noch infrage kommen. – Das bringt den anderen dazu zu fragen: „Woran denkst du?"

Ich war total verwundert, dass alle einverstanden waren. – Naheliegenderweise wird dieser: „Weshalb?" fragen.

Wir können unseren Gesprächspartner noch direkter neugierig machen und zum Fragen führen, wenn wir gewissermaßen paradox vorgehen: Wir machen ihm ein Angebot und erklären gleichzeitig, dass wir nicht wissen, ob ihn das überhaupt interessiert. Ehe wir also jemanden ungefragt „zutexten", lassen wir ihn entscheiden, wieweit er interessiert ist.

Ich frage mich gerade, ob du für ein Gedankenspiel offen bist und Lust hast, mit mir über Alternativen nachzudenken.

Ich habe die aktuellen Zahlen mit denen vom vergangenen Jahr verglichen und etwas ganz Erstaunliches herausgefunden. Ich weiß aber gar nicht, ob dich das im Moment überhaupt interessiert.

Was da passiert ist, hat mich verblüfft. Ich hatte etwas völlig anderes erwartet, wobei ich nicht einschätzen kann, wieweit Sie meine Sicht dazu hören möchten.

Obwohl alle einverstanden sind, wundert mich, dass zwei Aspekte außer Acht gelassen wurden. Ich bin mir allerdings nicht sicher, ob Sie Lust haben, sich mit meinen Bedenken auseinanderzusetzen.

Wir können auch einen psychologischen Trick nutzen, indem wir die Ablehnung bzw. das Desinteresse ausdrücklich erlauben. Dabei zeigt sich kurioserweise, dass dies häufig zu Widerspruch und echter Neugier führt.

Vielleicht hast du gerade keinen Nerv, mit mir über Alternativen nachzudenken.

Möglicherweise sind Sie dagegen, das nochmals zu hinterfragen.

Bei der Entscheidung sind meiner Meinung nach zwei Aspekte außer Acht gelassen worden. Ich weiß nicht, ob du überhaupt Bock hast, das noch einmal neu zu gewichten.

Beim Vergleich der diesjährigen Zahlen mit denen vom Vorjahr konnte ich Erstaunliches entdecken. Aber vielleicht interessiert Sie das im Moment überhaupt nicht.

Bei gegensätzlichen Positionen geht ja jede Seite davon aus, die „richtige" Sichtweise zu haben. Wie bereits erklärt, können wir das Gefühl von Sicherheit dadurch reduzieren, dass wir die Gewissheit zum Thema machen. Wenn wir den psychologischen Trick auf die Spitze treiben, dann erlauben wir dem anderen nicht nur die Ablehnung, sondern signalisieren Verständnis, weil unsere Ausführungen verunsichern können.

Bei der Entscheidung sind meiner Meinung nach zwei Aspekte außer Acht gelassen worden. Womöglich nerve ich Euch, wenn ich das nochmals aufrollen will. Das ist ja auch zeitraubend.

Vielleicht bringe ich Euch jetzt ins Schleudern: Ich habe die aktuellen Zahlen mit denen vom Vorjahr verglichen. Da ist schon Erstaunliches zu entdecken.

Natürlich ist es umständlich, über weitere Möglichkeiten nachzudenken. Wenn wir es lassen, bewahren wir uns die Vorstellung, richtig entschieden zu haben.

Im Kern geht es darum, den anderen so neugierig zu machen, dass er uns Fragen stellt. Wer etwas verstehen will, möchte keine Argumente hören, sondern bittet um Erklärungen. Und hier besteht die Herausforderung darin, unsere Ausführungen nicht nur klar, verständlich und nachvollziehbar zu formulieren, sondern uns an die Verarbeitungsfähigkeiten unseres Gegenübers anzupassen. Kennen wir seine Ressourcen, man spricht auch vom **Bewältigungspotenzial,** dann können wir dort und an seine Erfahrungen andocken.

Vergegenwärtigen Sie sich immer wieder, dass das, was Sie dem anderen argumentativ mitteilen wollen, neu für ihn ist. Und Neues birgt immer das Risiko, dass man es nicht adäquat handhaben kann.

Die Vermeidung, sich mit Neuem auseinanderzusetzen, hatte ich bereits im dritten Kapitel erläutert (siehe: Neophobie).

Mit diesen Erläuterungen will ich verdeutlichen, wie sehr es in unserer Verantwortung liegt, unseren Gesprächspartnern Orientierung zu geben, damit das, was sie von uns hören, passend verarbeitet werden kann. Und mit „passend" meine ich, dass unser Gegenüber die Zusammenhänge und Hintergründe unserer Erklärungen mit seinen Erfahrungen verknüpft und erkennen kann, dass er bereits über alle Ressourcen verfügt, um diese neuen Informationen zu bewältigen. Daraus folgt zunächst:

Sprechen Sie Ihren Gesprächspartner bereits in Ihrer Einleitung so an, dass er sich abgeholt fühlt und geben Sie ihm eine Orientierung, was ihn gleich erwartet.

So, wie uns eine Landkarte in fremder Umgebung nur dann helfen kann, uns zurechtzufinden, wenn wir unseren tatsächlichen Standort auf der Karte finden, so suchen wir bei fremden Sachverhalten vertraute Anhaltspunkte, um uns orientieren zu können. Je besser wir unseren Gesprächspartner kennen, umso genauer können wir seine Bewältigungsmuster im Umgang mit Neuem einbeziehen. Gelingt es uns, diese wertschätzend anzusprechen, löst dies nicht nur eine bejahende Reaktion, sondern auch ein positives Gefühl der Verbundenheit aus.

Du bist ja schon wiederholt auf Ungereimtheiten gestoßen und hast dir kein X für ein U vormachen lassen. Ich würde gern wissen, wie du meine Entdeckung einschätzt. Ich war nämlich ganz überrascht, als ich die aktuellen Zahlen mit denen vom vergangenen Jahr verglichen habe. *Oder:*

Ich weiß, dass du kein Blatt vor den Mund nimmst, wenn dir etwas stinkt. Gern möchte ich erfahren, wie du dir die Veröffentlichung erklärst. Ich bin immer noch verblüfft, wie die Verantwortlichen auf die Veröffentlichung dieser Fakten reagieren. *Oder:*

Sie haben bestimmt eine eigene Meinung zu diesem Vorgehen. Mich beschäftigt, ob Sie nachvollziehen können, dass es mich total konfus macht, wie da entschieden wird. *Oder:*

Du hast dich festgelegt und ich habe verstanden, dass es dir wichtig ist, dass die Diskussion aufhört und wir endlich anfangen. Ich frage mich, ob du noch ein wenig Neugier übrig hast. Denn ich finde es wirklich spannend, herauszufinden, welche Alternativen doch noch infrage kommen. *Oder:*

Sie haben überzeugend begründet, weshalb Sie damit einverstanden sind. Gleichzeitig weiß ich, dass Sie Widerspruch stets ernst nehmen. Darum möchte ich gern Ihre Reaktion kennen lernen, wenn Sie hören, dass ich total verwundert war, dass alle einverstanden waren.

Dieser Einstieg ist gewiss noch keine Garantie für neugieriges Zuhören. Und doch wird der andere zu einer Erwiderung eingeladen, die uns hilft, angemessen zu reagieren. Und „angemessen" heißt natürlich, unseren Gesprächspartner neugierig zu machen, indem er sich sicher fühlt, auf die neue und unerwartete Information adäquat reagieren zu können. Spielen wir das letzte Beispiel noch etwas weiter:

Sie haben überzeugend begründet, weshalb Sie damit einverstanden sind. Gleichzeitig weiß ich, dass Sie Widerspruch stets ernst nehmen. Darum möchte ich gern Ihre Reaktion kennen lernen, wenn Sie hören, dass ich total verwundert war, dass alle einverstanden waren.

Was verwundert Sie da? Wer meine Erläuterungen begriffen hat, kann doch nur einverstanden sein.

Okay, das wäre eine Erklärung, die zu der Schlussfolgerung führt, ich habe Ihre Erklärungen nicht kapiert, bin also doof. Ich möchte Sie daran erinnern, dass Sie uns immer wieder ins Stammbuch geschrieben haben: 'Wenn alle einer Meinung sind, machen wir etwas falsch.'

Sie machen mich neugierig. Raus mit der Sprache! Was sind Ihre Einwände? Usw.

Ihnen wird aufgefallen sein, dass alle Beispiele darauf abzielen, den anderen neugierig zu machen, damit er Fragen stellt. Unsere Antworten werden daraufhin bewertet, ob die Frage damit zufriedenstellend (= Gefühl) beantwortet ist, andernfalls wird weiter und vertiefend gefragt. Im Gegensatz dazu werden Argumente, besonders wenn sie ungebeten kommen, danach bewertet, wie sehr sie die eigene Überzeugung und damit die Sicherheit (= Gefühl) infrage stellen.

6. Kapitel

Dem „Opfer" nicht auf den Leim gehen

In diesem Kapitel behandle ich die verbreitete Neigung, andere ungebeten zu unterstützen. Auch wenn es sich gut anfühlen mag, anderen rettend zur Seite zu springen, so tappen wir doch in die Retterfalle. Wer bereits helfend reagiert, ohne direkt darum gebeten worden zu sein, schlüpft in die Retter-Rolle. Ich mache Sie mit sprachlichen Feinheiten vertraut, die alle darauf hinauslaufen, sich vor Verantwortung zu bewahren. Neben den indirekten Aufforderungen geht es außerdem um sprachliche Vereinnahmungen, die auf unsere Zustimmung und Unterstützung zielen. Ich zeige Ihnen, wie wir uns wertschätzend diesen entziehen können.

Anderen in ihrer Not beizuspringen, wird gern als Selbstlosigkeit bezeichnet. Auch wenn ich nach wie vor Hilfsbereitschaft für ein hohes Gut halte, will ich im Folgenden zeigen, wie es anderen Menschen gelingt, uns für ihre Ziele einzuspannen. Wer aus lauter Altruismus anderen unaufgefordert beispringt und rettend hilft, gerät unversehens in die **Retterfalle**.

Im ersten Kapitel hatte ich erläutert, wie wir dazu neigen, auf Fragen **antwort**end zu reagieren. Diese Bereitschaft, Ver**antwort**ung zu übernehmen, können wir auch als **Verantwortungsfalle** betrachten. Wir haben gesehen, dass der Fragende in der Regel zu seiner Antwort kommt, ohne sich besonders erklären zu müssen. Und dies funktioniert nicht nur beim Fragen. Unsere Bereitschaft, förderlich zu reagieren, birgt das Risiko, dass wir bereits unterstützend einspringen, obgleich wir noch gar nicht darum gebeten worden sind.

Um keine Missverständnisse aufkommen zu lassen: Es geht mir keineswegs darum, Hilfsbereitschaft zu kritisieren. Was ich jedoch infrage stelle, ist der Automatismus, mit dem wir bereit sind, verantwortlich zu reagieren. Wer uns um Hilfe bittet, soll diese auch erhalten. Ein Blick in unser alltägliches Zusammenleben zeigt jedoch, dass die direkte Bitte um Unterstützung eher die Ausnahme ist. In vielen Fällen reicht ein einfacher Aussagesatz, um das Gegenüber zur gewünschten Reaktion zu bewegen.

Oder wie reagieren Sie auf folgende Äußerungen?

Es zieht.

Jetzt habe ich wirklich Hunger.

Der Mülleimer ist voll.

Es ist kein Bier mehr da.

Die Luft hier ist ganz schön verbraucht.

Statt einen anderen direkt um etwas zu bitten oder ihn aufzufordern, etwas zu tun, reicht vielfach eine **einfache Mitteilung,** um zum gewünschten Ergebnis zu kommen. Vielleicht erleben Sie ähnliche Beispiele im Arbeitsalltag:

Da wird man Gas geben müssen, damit die Ziele noch erreicht werden.

Wir sind uns doch alle einig, dass dieses Thema von außerordentlicher Relevanz ist und man sich damit zeitnah beschäftigen sollte.

Da muss man noch dringend die neuen Preise einpflegen und die aktuellen Wechselkurse berücksichtigen.

Dieses Problem wird nur mit erhöhtem Arbeitseinsatz zu lösen sein.

Die PowerPoint-Templates passen nicht mehr zur aktualisierten CI.

Schließlich kennen Sie noch aus Ihrer Kindheit die allgemeinen Aufforderungen, die auf unsere Bereitschaft abzielten, nett und brav sein zu wollen. Ich habe noch die Sätze im Ohr:

Brave Kinder helfen beim Abwasch.

Ein starker Junge erledigt das im Handumdrehen.

Der Rasen sollte mal wieder gemäht werden.

Wer seinen Eltern keinen Verdruss bereiten will, strengt sich an.

In unserer Familie kommt so etwas zum Glück nicht vor.

Das appellgemäße Reagieren ist bei manchen Menschen so ausgeprägt, dass sie hinter jedem Satz eine Aufforderung hören, was manchmal zu absurden Situationen führt:

Der Kaffee schmeckt sehr gut. – Ich mache sofort noch einen neuen.

Ihre Zierkirsche sieht bezaubernd aus. – Ich kann Ihnen gern einen Ableger ziehen.

Die Premiere vom „Ring" hat ja eine ausgezeichnete Besprechung bekommen. – Ich besorge uns Karten für eine der nächsten Vorstellungen.

Ich glaube, ich habe mir den Magen verdorben. – Dann mache ich dir einen Haferschleim, das hilft immer.

Oh je, wir haben ja fast schon Feierabend. – Kein Problem. Ich kann länger bleiben und dafür sorgen, dass das heute noch fertig wird.

Und wie reagieren Sie bei den folgenden Beispielsätzen?

Ich habe nicht verstanden, wie das geht.

Ich glaube nicht, dass ich das allein schaffe.

Ich weiß nicht, wo das ist.

Bei dieser Lautstärke bekomme ich Kopfschmerzen.

Wenn ich bloß wüsste, was man da machen muss.

Wenn Sie genau hinhören, werden Sie feststellen, dass die Sprechweise etwas kindlich Klagendes hat. Es war in unserer frühen Kindheit, als wir entdecken konnten, wie wir mit einem bestimmten Tonfall andere dazu bringen können, sich in unserem Sinne zu verhalten. Diese frühe Lektion begleitet uns ein ganzes Leben. Unabhängig vom Lebensalter reagieren die meisten Menschen auf diesen Tonfall der Schwäche unterstützend und helfend. Lesen Sie die obigen Sätze noch einmal laut und ändern Sie den Tonfall in Richtung kritisch-vorwurfsvoll oder auch in Richtung genervt-verärgert und Sie spüren sofort, dass Ihre Reaktion ganz anders ausfallen wird. Der klagend-hilflose Tonfall funktioniert sogar, wenn wir das „Ich" gegen das allgemeine „man" austauschen oder es noch unpersönlicher im Passiv formulieren. Der so Angesprochene reagiert in aller Regel bereitwillig unterstützend und übernimmt Verantwortung, ohne dass geklärt ist, ob dies tatsächlich erforderlich ist.

Wer sich klein macht, also eine Position der Hilflosigkeit einnimmt, bringt den anderen automatisch in die Position der Hilfsbereitschaft, des Retters. Und diese Rolle geht mit dem Gefühl von eigener Stärke, ja Überlegenheit einher. Ich denke, darin liegt auch eine Erklärung, warum sich so viele Menschen gern für andere einsetzen oder auch aufopfern: „Ich stark – Du schwach" hat einen großen Reiz und streichelt das eigene Ego.

Ich will gar nicht verhehlen, dass aufforderungsgemäßes Reagieren dazu beiträgt, die eigene Beliebtheit zu erhöhen. Schließlich erspart es dem anderen, seine Wünsche und Erwartungen explizit zu äußern, denn das birgt immer das Risiko der Ablehnung. Außerdem bedarf es keines Dankes, wenn man etwas erhält, worum man gar nicht direkt gebeten hat. Der Preis ist allerdings hoch: Im Bemühen, es dem anderen recht zu machen, kann das eigene Wohlbefinden auf der Strecke bleiben. Beim einen bleibt die eigene Arbeit liegen, weil ein anderer Unterstützungsbedarf signalisiert, ein anderer bürdet sich zusätzliche Aufgaben auf, um sich von seiner besten Seite zu zeigen. Und wieder andere reagieren auf die kleinste Unmutsäußerung mit sofortiger Unterstützung. Abgesehen von der Mehrarbeit kann diese Hilfsbereitschaft sehr schnell als Selbstverständlichkeit betrachtet werden, was früher oder später zum Gefühl des Ausgenutztwerdens führt. Folgende Alltagssituationen wurden dazu in einer meiner Gruppen zusammengetragen:

Eine Kollegin stand am Kopierer und sagte in meine Richtung: „Das Papier ist alle." Schon sprang ich auf und holte neues, obwohl ich gar nicht zuständig bin.

Mein 18-jähriger Sohn kam neulich spätabends heim und meinte: „Mensch, habe ich Hunger." Ohne nachzudenken, erklärte ich mich bereit, ihm noch etwas zu kochen.

Mein Nachbar äußerte letztens: „Bei diesem Wetter wächst ja alles wie verrückt. Ihre Hecke ist auch schon wieder mächtig hoch." Prompt höre ich mich erwidern: „Die Hecke steht am Wochenende sowieso auf meinem Plan."

Unser neuer Chef stöpselte sein Notebook ein und brummelte vor sich hin: „Verflixt, jetzt habe ich weder eine Tastatur noch eine Maus dabei." Schon eilten mehrere Kollegen los und wenig später hatte er drei Tastaturen und Mäuse.

Einer meiner Kunden reagierte auf mein Angebot: „Ich glaube, das wird mir zu teuer." Geradezu automatisch kam ich ihm entgegen und faselte etwas von Hauspreis, Rabatt und Skonto.

In der nachträglichen Reflexion waren sich alle einig, dass ihre gutgemeinte Reaktion keineswegs gut war. Einer erkannte für sich: *„Ich mache mich ständig zum Affen. Um ja nett und liebenswürdig zu sein, vergesse ich, was ich eigentlich selbst will."* Eine andere ergänzte: *„Stimmt, außerdem bekomme ich noch nicht einmal ein Dankeschön. Meine Hilfsbereitschaft wird wie selbstverständlich erwartet."* Alle waren sich schnell einig, dass ihr freundliches Entgegenkommen zwar ihren Sympathiewert erhöht, aber in erster Linie nur der andere davon Vorteile hat. Man gilt zwar als „pflegeleicht", wenn man anderen entgegenkommt und sich wunschgemäß verhält, das eigene Wollen bleibt allerdings auf der Strecke. Im Ergebnis entstand der Wunsch, nur noch dann unterstützend zu reagieren, wenn der andere direkt darum bittet oder danach fragt.

Wollen Sie nicht als dickfellig und grob erscheinen, spiegeln Sie die indirekte Aufforderung zunächst zurück. So klären Sie, wieweit Sie den impliziten Wunsch richtig erkannt haben. Danach können Sie entscheiden, wie Sie reagieren wollen.

Wenn der andere bereit ist, für seine Bitte Verantwortung zu übernehmen, wird er dies nicht nur äußern, sondern sich in der Regel noch weiter erklären. Sie werden aber häufig erleben, dass Ihrem Gesprächspartner klar wird, dass es für diesen Wunsch keine Grundlage gibt und er diesen zurückzieht oder sogar erklärt, dass wir ihn falsch verstanden hätten. Im Rollenspiel entstanden folgende Entwicklungen:

Die Kollegin am Kopierer: „Das Papier ist alle." – „Du möchtest, dass ich mich darum kümmere." – „Nee, lass mal. Das kann ich selbst."

Der Sohn: „Mensch, habe ich Hunger." – „Das klingt so, als wenn ich dir noch etwas kochen soll." – „Stimmt, das wäre großartig. Wobei ich mir auch selbst was machen kann."

Der Nachbar: „Bei diesem Wetter wächst ja alles wie verrückt. Ihre Hecke ist auch schon wieder mächtig hoch." – „Ich vermute, Sie wünschen sich, dass ich die Hecke stutze." – „So wollte ich das nicht gesagt haben. Es war nur eine Feststellung. Sie können mit Ihrer Hecke selbstverständlich machen, was sie wollen. Wenn sie mir zu hoch wird, gebe ich Bescheid."

Der neue Chef: „Verflixt, jetzt habe ich weder eine Tastatur noch eine Maus." – „Ich weiß jetzt nicht, ob Sie erwarten, dass ich mich darum kümmere." – „Danke, das ist sehr freundlich, aber mir reicht es, wenn Sie mir sagen, wer hier für diese Sachen zuständig ist."

Kunde: „Ich glaube, das wird mir zu teuer." – „Das hört sich so an, als ob Sie von mir noch Zugeständnisse erwarten." – „Nein, so war das gewiss nicht gemeint. Ich muss nur schauen, wie wir das finanziell stemmen können und wo wir gegebenenfalls Abstriche machen müssen."

Anschließend herrschte in dieser Gruppe großes Erstaunen, wie einfach es ist, den anderen zu einer Entscheidung zu bringen und wie gut es sich anfühlt, auf eine explizite Bitte helfend zu reagieren.

Statt spontan zu reagieren, also Verantwortung zu übernehmen und in die **Retterfalle** zu tappen, wird der Handlungsimpuls gebremst, indem wir zunächst prüfen, ob wir mit unserer Interpretation überhaupt richtig liegen. Für alle Situationen, in denen unser Gegenüber den Wunsch verneint bzw. von sich weist, haben wir unsere Energie gespart. Steht der andere zu seinem Wunsch, erfolgt fast immer eine Erklärung, die uns nachvollziehbar macht, was den anderen zu dieser Bitte gebracht hat. Beispielsweise:

Die Kollegin am Kopierer: „Das Papier ist alle." – „Du möchtest, dass ich mich darum kümmere." – „Ja. Ich dachte, du bist doch dafür zuständig."

Nun liegt es an uns, den Sachverhalt richtig zu stellen. Für den Fall, dass etwas wirklich in unsere Zuständigkeit fällt, sollten wir allerdings nicht hinterfragen, sondern ohne weitere Aufforderung handeln.

Nun mögen Sie einwenden, wem damit geholfen sei, wenn auf die Klärung einer impliziten Bitte lediglich ein trockenes *„Ja“* erfolgt. Dann hätte man ja gleich der Aufforderung folgen können. Auf keinen Fall! Wer von einem anderen etwas ohne weitere Erklärung einfordert, bittet nicht mehr, sondern stellt Ansprüche. Es hinterlässt jedoch ein schales Gefühl, auf Forderungen einzugehen, für die es keine Grundlage gibt.

Statt auf eine Aufforderung wunschgemäß zu reagieren, bringen Sie den anderen dazu, sich erst einmal zu erklären. Danach können Sie eine Entscheidung treffen.

Für den Gesprächspartner wird es anstrengender. Dieser muss darlegen, was ihn berechtigt, solche Forderungen zu stellen. Das kann zu einer tatsächlichen Klärung führen: Entweder erfahren wir, dass uns der andere für zuständig hält, gegebenenfalls erkennen wir, dass wir es tatsächlich sind, oder der andere merkt spätestens jetzt, dass es keine Basis für seinen Wunsch gibt.

Der 18-jährige Sohn: „Mensch, habe ich Hunger." –„Das klingt so, als wenn ich dir noch etwas kochen soll." – „Stimmt." – „Gern möchte ich verstehen, was dich zu der Annahme bringt, dass das meine Aufgabe ist." – „Na ja, weil du meine Mutter bist, deswegen." – „Das heißt, Mütter sind zeitlebens dafür zuständig, umgehend die Wünsche ihrer Kinder zu erfüllen." – „Mist! Du kannst es einem aber auch schwer machen. Jetzt muss ich mir selbst was machen. Hätte ich eigentlich ahnen können."

Es ist verbreitet, Aufforderungen indirekt zu formulieren. Im Folgenden lernen Sie fünf weitere Fallen kennen:

1. Die Verwendung des unscheinbaren Indefinitpronomens **„man"** ist so gängig, dass es uns in der Regel gar nicht auffällt.

In dieser Unordnung kann man ja nichts finden.

Bei dieser Lautstärke kann man sich nicht konzentrieren.

Wenn man noch ein wenig Gas gibt, lässt sich der Zeitplan einhalten.

2. Auch das vereinnahmende **„wir"** eignet sich, um persönliche Wünsche zu tarnen. Gleichzeitig bewahrt es davor, sich für den eigenen Standpunkt rechtfertigen zu müssen.

Wir sind uns doch alle einig, dass dieser Vorschlag unrealistisch ist.

Um das zu schaffen, werden wir noch eine Schippe drauflegen müssen.

Wir sind jetzt müde und sollten ins Bett gehen.

3. Noch allgemeiner wird die Aufforderung mit **„es"** getarnt:

Es ist nötig, sich zum Quartalsende noch stärker einzusetzen.

Es ist zielführend, vor einer Arbeit Vokabeln zu lernen.

Es ist grundsätzlich wichtig, hier regelmäßig zu lüften.

4. Mancher glaubt, weniger autoritär zu wirken, wenn er seine Aufforderungen im **Passiv und damit unpersönlich** formuliert.

Wenn jetzt ein Bericht vorgelegt werden würde, wäre das hilfreich.

Werden die Vorschriften eingehalten, gibt es Beifall statt Kritik.

Ihr Schreibtisch könnte auch mal wieder aufgeräumt werden.

Dieses Vorgehen birgt das Risiko, dass wegen der fehlenden persönlichen Ansprache unpersönliche Zustimmung erfolgt. Dann erfolgt zwar ein *„Stimmt."*, *„Ja, da haben Sie recht."* oder bereitwilliges Kopfnicken, ohne dass daraus auch eine konkrete Handlung erwächst. So ärgerlich das für Vorgesetzte auch sein mag, reagieren diese Mitarbeiter doch eigenverantwortlich und gehen diesen nicht unaufgefordert auf den Leim.

5. Manche Aufforderungen kommen noch unscheinbarer daher, als wären die Sätze **reine Faktenmitteilungen,** z. B.:

Die Aufsätze, die Sie mir gegeben haben, sind ja alle auf Englisch.

Bis zum Abgabetermin bleiben ja nur noch zwei Wochen.

Jonas bekommt jetzt zehn Euro Taschengeld.

Ich bin immer wieder beeindruckt, wie diese Sätze zum Erfolg führen, d. h. der andere interpretiert in den Satz eine unausgesprochene Aufforderung hinein und reagiert auf diese hilfsbereit. Prompt tappt er in die **Retterfalle.** Wem es jedoch gelingt, die Verantwortung beim anderen zu belassen, erlebt womöglich ganz andere Interpretationsmöglichkeiten, beispielsweise:

Die Aufsätze, die Sie mir gegeben haben, sind ja alle auf Englisch.

Das klingt für mich, als ob Sie etwas anderes erwartet hatten.

Variante A: Stimmt. Die wichtigsten Forschungsergebnisse stammen doch aus Russland und die fehlen hier komplett.

Variante B: Na ja, ich tue mich mit englischer Fachliteratur schon schwer. Wahrscheinlich gibt es zu dem Thema gar nichts Aktuelles auf Deutsch.

Bis zum Abgabetermin bleiben ja nur noch zwei Wochen.

Das setzt Sie irgendwie unter Stress.

Variante A: Im Gegenteil, dann konzentriere ich mich nur auf die Kernbotschaft und lasse alles, was auch noch interessant wäre, links liegen.

Variante B: Irgendwie schon. Mir ist nämlich noch gar nicht klar, was Sie konkret von mir erwarten. Also, wenn ich wüsste, wie sehr ich ins Detail gehen soll bzw. auch nicht, dann könnte ich sofort loslegen.

Jonas bekommt jetzt zehn Euro Taschengeld.

Das hört sich so an, als ob du mit deinem Taschengeld unzufrieden bist.

Variante A: Eigentlich nicht. Denn Jonas muss davon alles selbst bezahlen, während Ihr bei Kino oder Eis fürs Freibad schon großzügig seid.

Variante B: Nö, unzufrieden trifft es nicht. Ich wollte nur mal fragen, unter welchen Bedingungen ich auch zehn Euro bekommen könnte.

Mit etwas Phantasie können wir uns noch weitere Varianten ausdenken und entdecken, dass wir zu ganz anderen Informationen gelangen, wenn die Verantwortung beim anderen bleibt. Auch hier greift die Erkenntnis:

Menschen, die sich verstanden fühlen, neigen dazu, sich unaufgefordert zu erklären.

In diesem Zusammenhang möchte ich noch eine Aufforderung gesondert betrachten, nämlich den Wunsch, weitere Diskussionen zu verhindern. Zum Glück wird uns nur in Ausnahmefällen ein Maulkorb direkt verpasst und seit wir den Kindesschuhen entwachsen sind, hören wir auch kaum noch: *„Halt den Mund!"*, *„Schweig jetzt!"*, *„Kein weiteres Wort!"*. Das geht viel subtiler, beispielsweise:

Es gibt keine Alternative.

Jeder, der den Sachverhalt versteht, erkennt, dass das die beste Lösung ist.

Da kann mir einer erzählen, was er will, ich weiß, was geht und was nicht.

Jeder intelligente Mensch wird das einsehen.

Wer auch nur etwas Mitgefühl hat, wird sich dem nicht entziehen.

Zum Glück sind wir uns hier ja einig.

Bei all diesen Aufforderungen liegt es an uns, den mitschwingenden Wunsch transparent zu machen, indem wir direkt aussprechen, was wir hinter dieser Formulierung vermuten, z. B.:

Es gibt keine Alternative. – Sie möchten die Diskussion beenden.

Jeder, der den Sachverhalt versteht, erkennt sofort, dass dies die beste Lösung ist. – Wer jetzt noch Zweifel äußert, outet sich in Ihren Augen als inkompetent.

Da kann mir einer erzählen, was er will, ich weiß, was geht und was nicht. – Dir ist wichtig, dass wir deine Erfahrung schätzen und deine Sichtweise teilen.

Jeder intelligente Mensch wird das einsehen. – Und wer das nicht einsieht, ist in deinen Augen nicht intelligent.

Wer auch nur etwas Mitgefühl hat, wird sich dem nicht entziehen. – Wer sich dem dennoch entzieht, hat in Ihren Augen kein Mitgefühl. Andere Erklärungen scheinen Sie nicht zu interessieren.

Zum Glück sind wir uns hier ja einig. – Das klingt nach 'Aus-Ende-Amen' und wer anderer Ansicht ist, stört die Harmonie.

Mit diesen Reaktionen machen wir dem anderen einen Strich durch dessen Rechnung und spielen sein Spiel nicht mit.

Sobald der andere Verantwortung für seinen Wunsch bzw. seine Aufforderung übernommen hat, können wir entscheiden, wie wir darauf reagieren wollen, aber erst dann!

Es gibt noch eine andere Form der Vereinnahmung, bei der uns unausgesprochen unterstellt wird, dass wir die Sicht- bzw. Handlungsweise des anderen teilen. Dabei lässt das „man“ die Äußerung allgemeingültig erscheinen, z. B.:

Will man als berufstätige Mutter einigermaßen erfolgreich sein, hat man doch gar keine Zeit mehr für seine Kinder.

Bei so einem Assessment-Center steht man so unter Druck, dass einem beim besten Willen keine vernünftige Strategie einfällt.

Natürlich muss man auch solchen Leuten helfen, man ist ja kein Unmensch, aber wenn man dann so frech provoziert wird, wie „haste mal `n Euro“, dann ist man doch erst einmal sprachlos und gibt nichts.

Diesen Sätzen ist der Appell zur Solidarisierung gemeinsam. Der Sprecher erwartet von uns Zustimmung und nur zu leicht reagieren wir bei derartigen Sätzen mit einem Kopfnicken bzw. einem „*Mhm*“. Sich dem zu entziehen ist viel schwerer, als wenn wir direkt um eine Stellungnahme gebeten werden, z. B.:

Ich versuche im Beruf einigermaßen erfolgreich zu sein, das hat allerdings zur Folge, dass ich gar keine Zeit mehr für meine Kinder habe. Geht dir das auch so?

Bei diesem Satz können wir direkt erwidern, wie es uns geht, können gegebenenfalls widersprechen oder Erfahrungen mitteilen, wie sich erfolgreiche Berufstätigkeit und gemeinsame Zeit mit Kindern kombinieren lässt.

Noch stärker vereinnahmt uns die Forderung nach Solidarisierung, wenn das **Man** durch das **Du** bzw. **Sie** ausgetauscht wird und wir in die Allgemeingültigkeit einer Äußerung einbezogen werden. Sie mögen gerade einmal die vorangegangenen Beispielsätze laut lesen und vergleichen, wie sich die folgenden Sätze – ebenfalls laut gelesen – anfühlen.

Willst du als berufstätige Mutter einigermaßen erfolgreich sein, hast du doch gar keine Zeit mehr für deine Kinder.

Bei so einem Assessment-Center stehst du so unter Druck, dass dir beim besten Willen keine vernünftige Strategie einfällt.

Natürlich werden Sie auch solchen Leuten helfen, Sie sind ja kein Unmensch, aber wenn Sie dann so frech provoziert werden, wie „haste mal n'Euro", dann sind Sie doch erst einmal sprachlos und geben nichts. Ist doch so.

Die vereinnahmende Botschaft lautet: *„Das ist doch allgemein menschlich, da kann man nichts machen."* Sich hier zu entziehen, heißt auch, sich dem möglichen Vorwurf auszusetzen, eben „unmenschlich" zu sein, weil wir dieses allgemein Menschliche so nicht teilen. Statt unser Gegenüber nun direkt mit seiner Entscheidung und der daraus resultierenden Verantwortung zu konfrontieren, können wir den anderen erst einmal bei seiner emotionalen Befindlichkeit abholen. Es ist ja unüberhörbar, dass es ihm in dieser konkreten Situation nicht gut geht.

Auf das subjektive Gefühl erlaubend einzugehen, hat etwas Entlastendes. In einem nächsten Schritt kann der andere von sich aus Verantwortung für sein Handeln übernehmen.

Will man als berufstätige Mutter einigermaßen erfolgreich sein, hat man doch gar keine Zeit mehr für seine Kinder.

Oh je, ich merke gerade, wie dich das förmlich zerreißt, sowohl den beruflichen als auch den familiären Anforderungen gerecht zu werden. Ich kann mir vorstellen, wie sehr dich das mitnimmt.

Ja klar, manchmal habe ich ein so schlechtes Gewissen, dass ich kaum einschlafen kann. Das macht alles nur noch schlimmer, weil ich doch am nächsten Tag wieder fit sein muss.

Manchmal reagiert der andere nicht sofort auf unsere erlaubende Einfühlung und bleibt im gewohnten Muster, die Verantwortung für bestimmte Ergebnisse nach außen zu verlagern und andere bzw. die Situation verantwortlich zu machen. Diese Sichtweise ist schließlich vertraut und gehört gewissermaßen zum Reaktionsstandard. Bisweilen hilft es, unsere Einfühlung zunächst unpersönlich zu formulieren, damit der andere sich leichter seiner subjektiven Betroffenheit stellen kann, z. B.:

Bei so einem Assessment-Center stehst du so unter Druck, dass dir beim besten Willen keine vernünftige Strategie einfällt.

O wei, das muss wahnsinnig stressig gewesen sein. Ich kann nachvollziehen, wie blockierend das für dich war.

Nicht nur für mich, da waren andere noch viel schlimmer blockiert, eine hat sogar geheult. Die wollen einen doch absichtlich aus dem Konzept bringen, um zu checken, wie resilient man ist.

Das geht einem ganz schön gegen den Strich, sich so ausgeliefert zu fühlen und zu wissen, dass man fortlaufend beobachtet wird.

Genau, das war es, was mich so durcheinander gebracht hat, dass die Beobachter einen völlig distanziert, ja geradezu teilnahmslos fixiert und ihre Notizen gemacht haben. Ich habe mich echt bloßgestellt gefühlt.

Unsere Zustimmung wird auch durch angehängte Redewendungen eingefordert, wie:

- *„Ist doch so, oder?"*
- *„Habe ich nicht recht?"*
- *„Ist doch wahr!"*
- *„Seien wir doch mal ehrlich!"*
- *„Da kann man eh nichts machen."*
- *„Stimmt doch, oder?"* Usw.

Wir werden insoweit vom anderen vereinnahmt, dass von uns erwartet wird, dessen Meinung zu teilen und die Dinge genauso zu sehen und zu beurteilen wie er. Und wer nicht konzentriert bei der Sache ist, wird nicken, auch wenn er ganz anderer Meinung ist. All diesen Vorgehensweisen gemeinsam ist die Vermeidung einer eigenverantwortlichen Äußerung. Denn eine als subjektiv mitgeteilte Sichtweise lädt geradezu ein, andere Sichtweisen daneben zu stellen. Doch damit gerät die Allgemeingültigkeit der eigenen Überzeugung ins Wanken. Wie wir gesehen haben, helfen unpersönliche Formulierungen, den Fokus von den eigenen Unzulänglichkeiten auf generelle „Gesetzmäßigkeiten" zu verschieben.

Nach so einem schweren Essen in der Kantine ist es doch kein Wunder, wenn man ins Suppenkoma fällt. Da unterlaufen einem dann Fehler, die man sonst nie machen würde.

In der Urlaubszeit kann man kaum Abschlüsse tätigen, wie auch, wenn die Kunden alle weg sind. Das ist nun mal Saure-Gurken-Zeit.

Da will man einfach mal ein wenig die Beziehung klären und schon gibt es Ärger. Männer können einfach nicht über ihre Gefühle reden. Ist doch so, oder?

Die unterschwellige Botschaft dieser Äußerungen lautet: Kein ehrlicher und zur Selbstkritik fähiger Mensch wird von sich behaupten, ihm würde das in meiner Situation nicht ganz genauso gehen. Wollen wir nicht in diese **Vereinnahmungsfalle** tappen und brav nicken, können wir durchaus Verständnis für das Erleben des anderen aufbringen, ohne deswegen gleich einverstanden zu sein. Aus der scheinbaren Gesetzmäßigkeit machen wir dann eine Einzelerfahrung, beispielsweise:

Ja, da ist das Blut so mit der Verdauung beschäftigt, dass sich im Kopf Leere breitmacht. Darum habe ich mir angewöhnt, noch eine Runde um den Block zu gehen und frische Luft zu tanken, anschließend vermeide ich den Fahrstuhl und laufe die vier Stockwerke extra zu Fuß.

Stimmt, die Urlaubszeit stellt uns vor ganz neue Herausforderungen. Weil kaum noch ein Kunde von sich aus kommt, habe ich mir für diese Wochen Hausbesuche vorgenommen. Da mache ich ganz erstaunliche Erfahrungen. Wenn es dich interessiert, kann ich dir davon berichten.

In der Tat tun sich viele Männer mit der Art, wie wir Frauen über unsere Gefühle reden, schwer. Wenn ich denen aber zugestehe, keinen Bock auf

Gefühlsduselei zu haben, bin ich immer wieder verblüfft, wie die plötzlich anbeißen und sich doch auf ein klärendes Gespräch einlassen.

Bei aller Wertschätzung des anderen müssen wir ihm nicht Recht geben. Seine Sichtweise bleibt unangetastet, wenn wir unsere Erfahrung nicht dagegen, sondern daneben setzen.

Verständnis bedeutet keineswegs Einverständnis. Genauso, wie wir etwas gut finden können, ohne es zu verstehen, können wir auch Verständnis aufbringen und es dennoch ablehnen.

Auch wenn im Wort Ein**verständnis** das Wort Verständnis komplett enthalten ist, beschreiben diese beiden Wörter völlig unterschiedliche Sachverhalte. Mit **Einverständnis** wird eine Übereinstimmung beschrieben, d. h. es herrscht Einigkeit in Bezug auf etwas. Dagegen beschreibt **Verständnis** die Fähigkeit, sich in jemanden oder etwas hineinzuversetzen und zu verstehen und wird auch mit Einfühlungsvermögen gleichgesetzt.

Es gibt eine ganze Reihe von Redewendungen, die geeignet sind, die Verantwortung nach außen zu verlagern. Gleichzeitig wird der Gesprächspartner zustimmungsheischend einbezogen. Die implizite Botschaft lautet stets: *„Mit mir hat das nichts zu tun. Ich tue mein Bestes, aber da kann* **man** *wirklich nichts machen"*, z. B.:

- *„Heute ist der Wurm drin."*
- *„Da hat der Druckfehlerteufel wieder zugeschlagen."*
- *„Es ist wie verhext."*
- *„Da hat sich ein Fehler eingeschlichen."*
- *„Das ist mal wieder der klassische Vorführeffekt."*
- *„Die Feiertage hinterlassen ja Spuren, da kann man machen, was man will."*
- *„Ich habe schon so viele Diäten gemacht, aber keine hat funktioniert."*

Sie können vermutlich noch ein Dutzend weiterer Redewendungen hinzufügen. Allen ist gemeinsam, dass unsere Zustimmung vorausgesetzt wird. Der andere erwartet unser Kopfnicken oder gar ein ausformuliertes *„Ja, das kenne ich."* Oder: *„Das geht mir auch so."*

Gerade bei Redewendungen ist es schwer, sich der Vereinnahmung zu entziehen und dem anderen nicht auf den Leim zu gehen. Direkt zu widersprechen, kann den anderen provozieren. Doch sollten wir einmal genau hinschauen: Wer provoziert? Der, der uns vereinnahmt? Oder wir, wenn wir uns dieser Vereinnahmung entziehen? Ganz ähnlich hatten wir bereits im ersten Kapitel festgestellt, dass ein geändertes Reagieren den Fragenden verwirren mag, ja womöglich sogar vor den Kopf stößt. Ebenso irritieren wir unsere Gesprächspartner, die gern argumentieren, wenn wir anders als erwartet reagieren. Und dem „Opfer" nicht auf den Leim zu gehen, bringt diesen erst einmal durcheinander, weil etwas, was bislang wunderbar funktioniert hat, auf einmal nicht mehr klappt.

Wir müssen keineswegs widersprechen. Auch vereinnahmende Redewendungen lassen sich konfliktarm entschärfen:

Heute ist der Wurm drin. – Oh ja, an manchen Tagen könnte ich auch verzweifeln. Wenn ich unkonzentriert bin, unterlaufen mir saublöde Fehler und meistens hatte ich zu wenig Schlaf. Manchmal hilft mir ein kurzer Gang an die frische Luft.

Da hat der Druckfehlerteufel wieder zugeschlagen. – Das nervt in der Tat. Wie oft habe ich mich schon über mich geärgert, wenn mir klar wurde, dass ich nicht sorgfältig Korrektur gelesen hatte.

Es ist wie verhext. – Stimmt. Am liebsten möchte man meinen, dass Hexen und andere Mächte dazwischenfunken. Sich dennoch mit kühlem Kopf auf Fehlersuche zu begeben, finde ich zwar jedes Mal schwer, aber lohnend.

Da hat sich ein Fehler eingeschlichen. – Wie gemein! Alles sieht richtig aus und man denkt, dass es auch richtig sei. Dennoch auf der Hut zu sein und alles erneut gewissenhaft zu überprüfen, finde ich jedes Mal nervenzehrend. Anders werden wir allerdings die Fehler nie ausschließen.

Diese Antworten erzielen ihre Wirkung allerdings nur dann, wenn unser Tonfall aus einer erlaubenden Haltung erfolgt. Hört der andere auch nur einen Anflug von Ironie, fühlt er sich – zu Recht – nicht ernst genommen.

Auch Gefühle können scheinbar überfallartig aufkreuzen:

- *„Da überfällt einen dann die Wut"*
- *„Da kommt dann Panik auf."*
- *„Da packt einen dann das Misstrauen."*

- *„Ein Gefühl von Abscheu machte sich breit."*
- *„Wenn einem dann die Laus über die Leber läuft, dann..."*
- *„Klar, dass einen dann der Zorn packt."*
- *„Die Eifersucht sitzt einem dann im Nacken."*

Vordergründig hört es sich wie eine harmlose Redensart an, gleichzeitig machen diese Wendungen deutlich, dass sich der Sprecher als Opfer sieht und uns in sein Erleben einbezieht, indem unsere Zustimmung vorausgesetzt wird. Es macht ja einen gewaltigen Unterschied, ob ich mich als Beute eigenständig handelnder Gefühle sehe oder mir eingestehe, emotional zu reagieren, beispielsweise:

- *„Ich reagiere meist wütend, wenn ich lange warten muss."*
- *„Ich weiß, dass ich bei bedrängenden Situationen schnell panisch reagiere."*
- *„Ich werde misstrauisch, wenn mein Gegenüber meinem Blick ausweicht."*
- *„Mich ekelt, was uns hier vorgesetzt wird, ich finde das echt abscheulich."*
- *„Seit meiner Kündigung kann man es mir kaum recht machen, ich rege mich schon über Kleinigkeiten auf, manchmal sogar ohne Anlass."*
- *„Diese Antwort empfinde ich als unverschämt, ich werde zornig, wenn ich nicht ernst genommen werde."*
- *„Ich fühle mich in letzter Zeit vernachlässigt und werde zunehmend misstrauisch und immer ängstlicher, ihn zu verlieren. Gleichzeitig weiß ich, dass ich ihn mit meiner Eifersucht einenge und alles nur noch schlimmer mache."*

Es ist eine verbreitete Herangehensweise, andere Menschen oder die Umstände für persönliche Nöte und Schwierigkeiten verantwortlich zu machen. Das dient vor allem der psychischen Entlastung und stabilisiert das emotionale Gleichgewicht. Hier zu widersprechen und den Gesprächspartner mit Fakten zu konfrontieren oder ihn auf seine Verantwortung hinzuweisen, erzeugt bei diesem ein Gefühl des Unverstandenbleibens. Das führt dann leicht zu weiteren Erklärungen, warum andere oder die Umstände so problematisch sind oder Schuld haben. Auch wenn es sachlich gerechtfertigt sein mag, die

Verantwortlichkeit zu klären und deutlich zu machen, dass im konkreten Fall Selbstverschulden vorliegt, vergrößert das in der Regel die Abwehr. Vielleicht ging es Ihnen während Ihrer Schulzeit ähnlich, wenn die Fünf bei einer Klassenarbeit so entschuldigt wurde:

Die Arbeit war viel schwerer als angekündigt.

Da wärst du genauso gescheitert.

Da kam Stoff dran, den wir noch gar nicht behandelt hatten.

Die Lehrerin ist fies. Usw.

Unser Bemühen, uns nicht ungefragt vereinnahmen zu lassen, erfordert einiges an Fingerspitzengefühl. Hinter der Vereinnahmung steckt ja der Wunsch nach Entlastung, also nicht allein für eine missliche Lage verantwortlich zu sein. Gelingt es uns, die Belastung des anderen zu erkennen, kann uns das vor einer unreflektierten Zustimmung und damit Vereinnahmung bewahren. Dabei werden Sie entdecken:

Fühlen sich Menschen verstanden, sind sie eher bereit, ihre Verantwortung für eine entstandene Situation zu erkennen, als Menschen, die noch darum ringen, dass ihrer Sichtweise zugestimmt wird.

Bei den folgenden Übungsbeispielen können Sie probieren, sich wertschätzend einer Vereinnahmung zu entziehen.

1. Sie (männlich, über 40 Jahre) haben sich auf einem Parkplatz gerade etwas die Beine vertreten. Da kommt eine junge Frau im hellen Sommerkleid auf Sie zu und sagt mit leiser verzweifelter Stimme: „*Entschuldigung, können Sie mir vielleicht helfen? Ich habe einen Platten.*"
2. Vor Ihnen (weiblich) klagt ein älterer Kollege ganz hilflos: „*Oh je, jetzt ist der Knopf vom Ärmel meiner Jacke ab. Wie sieht das bloß aus? So kann ich unmöglich in dieses wichtige Meeting gehen.*" Dabei schlackert der Ärmel tatsächlich so, als hätte der Kollege nur einen Arm.
3. Ihre Schulklasse reagiert auf die angekündigte Hausaufgabe klagend, geradezu weinerlich: „*Aber wir haben doch heute Nachmittagsunterricht.*"

4. Sie sitzen vergnügt in geselliger Runde, da äußert Ihr Partner/Ihre Partnerin: „*Das war wirklich ein netter Abend*" und schaut gleichzeitig auf die Uhr.
5. Ein Freund/eine Freundin berichtet ganz aufgebracht von einem unangenehmen Erlebnis mit einem Punk in der Fußgängerzone: „*Natürlich muss man auch solchen Leuten helfen, man ist ja kein Unmensch, aber wenn du dann so frech provoziert wirst, wie ‚Rück mal 'n Euro raus!', dann bist du doch erst einmal sprachlos und gibst nichts. Ist doch klar.*"
6. Ihre Partnerin/Ihr Partner ist immer wieder unzufrieden mit dem eigenen Körpergewicht und klagt an Neujahr, während sie/er auf der Waage steht: „*Die Weihnachtsfeiertage hinterlassen ja Spuren, da kann man machen, was man will. Das verfolgt einen dann wieder ewig.*"
7. Sie interessieren sich für ein neues Notebook und lassen sich die neuen Funktionen demonstrieren. Doch plötzlich reagiert das Gerät auf keine Eingabe mehr. Der Verkäufer meint verkrampft-lächelnd: „*Das ist mal wieder der klassische Vorführeffekt. Das kennen Sie wahrscheinlich auch.*"
8. Auf das deutliche Übergewicht angesprochen, äußert eine Mitarbeiterin/ein Mitarbeiter: „Ich habe schon so viele Diäten gemacht, aber keine hat funktioniert. Da kann man wirklich nichts machen."
9. Während Sie mit drei Kollegen nach einem Fehler im System suchen, äußert einer: „*Ist doch klar, dass das nicht klappt. Wie soll man bei dem Zeitdruck auch zu einer vernünftigen Analyse kommen?*"
10. Ihre Partnerin/Ihr Partner äußert unvermittelt: „*Du weißt, dass morgen Sperrmüll ist.*"

Vielleicht mögen Sie Ihre Antworten mit denen vergleichen, die in meinen Gruppen zusammengetragen wurden.

1. Entschuldigung, können Sie mir vielleicht helfen? Ich habe einen Platten.

   Ich will Ihnen gern helfen. Ich bin auf dem Weg zu einem Vortrag und möchte mich nicht schmutzig machen. Ich kann Ihnen erklären, wie das geht und Sie insoweit beim Reifenwechsel unterstützen.

2. Oh je, jetzt ist der Knopf vom Ärmel meiner Jacke ab. Wie sieht das bloß aus? So kann ich unmöglich in dieses wichtige Meeting gehen.

   Das sieht in der Tat komisch aus. Wenn Sie möchten, leihe ich Ihnen mein Nähzeug.

3. Aber wir haben doch heute Nachmittagsunterricht.

   Ja, das ist bestimmt viel, was Ihr leisten müsst. Wir sehen uns ja erst in drei Tagen wieder, da wird hoffentlich noch eine Stunde für diese Hausaufgabe frei sein.

4. Das war wirklich ein netter Abend.

   Das klingt so, als ob wir jetzt gehen sollten.

   Oder: Du möchtest gern gehen und willst, dass ich mitkomme.

5. Natürlich muss man auch solchen Leuten helfen, man ist ja kein Unmensch, aber wenn du dann so frech provoziert wirst, wie 'rück mal 'n Euro raus!', dann bist du doch erst einmal sprachlos und gibst nichts. Ist doch klar.

   Der hat dich total überrumpelt. Bei so viel Dreistigkeit bist du geradezu überwältigt.

6. Die Weihnachtsfeiertage hinterlassen ja Spuren, da kann man machen, was man will. Das verfolgt einen dann wieder ewig.

   Du bist ganz enttäuscht, dass du dein Gewicht nicht gehalten hast und sich das viele Festessen so deutlich zeigt.

7. Das ist mal wieder der klassische Vorführeffekt. Das kennen Sie wahrscheinlich auch.

   Sie hätten mir das gern einwandfrei vorgeführt und kommen jetzt ganz aus dem Konzept. Das ist bestimmt ärgerlich.

8. Ich habe schon so viele Diäten gemacht, aber keine hat funktioniert. Da kann man wirklich nichts machen.

   Freundlich lachend: Und ich soll jetzt auch den Diäten die Schuld geben.

   Oder: Eine andere Erklärung kommt für Sie nicht in Frage.

9. Ist doch klar, dass das nicht klappt. Wie soll man bei dem Zeitdruck auch zu einer vernünftigen Analyse kommen?

   Für dich ist klar, dass du unter Zeitdruck schlecht arbeiten kannst.

10. Du weißt, dass morgen Sperrmüll ist.

    Das hört sich so an, als ob ich mich darum kümmern soll.

7. Kapitel

Entscheidungen bewusst machen

In diesem Kapitel möchte ich Ihnen zeigen, wie es uns gelingt, die Verantwortung beim anderen zu belassen. Egal, was wir tun – oder auch unterlassen – jede Handlung setzt eine Entscheidung voraus. Viele dieser Handlungen mögen unreflektiert und manchmal unbewusst sein, dennoch liegen sie in unserer Verantwortung.

Im alltäglichen Miteinander denken wir in der Regel nicht über unsere Entscheidungen nach. Wir handeln spontan, d. h. unwillkürlich. Erst wenn wir uns erklären, geht die Spontaneität verloren und wir müssen bewusst entscheiden, ob wir unsere Handlungsweise beibehalten oder ändern wollen. Diesen Mechanismus – spontanes Handeln zu unterbrechen – können wir uns zunutze machen, wenn wir störendes Verhalten ansprechen wollen.

Wann immer Sie das Verhalten eines anderen Menschen beschreiben und die damit einhergehenden Entscheidungen benennen, heben Sie die Spontaneität Ihres Gegenübers auf.

Wer Auto fährt, schaut nicht ständig auf den Tachometer. So kann es passieren, dass mancher deutlich schneller als zugelassen fährt. Viele Beifahrer kritisieren dieses „Fehlverhalten“ direkt: „*Warum fährst du eigentlich so schnell?*“ oder befehlend: „*Fahr doch nicht so schnell!*“ Nach meiner Beobachtung empfinden vor allem männliche Autofahrer dies als übergriffig, schließlich sitzen sie am Steuer und nicht der Beifahrer. Sie mögen zwar ihr schnelles Fahren begründen, ändern jedoch nichts am Tempo. Ganz anders fällt die Reaktion aus, wenn die Spontaneität aufgehoben wird, indem der Beifahrer geradezu beiläufig die Entscheidung des Fahrers anspricht: *„Du hast dich entschieden, hier 80 zu fahren."* Der Tonfall der Selbstverständlichkeit gelingt umso leichter, wenn der Beifahrer nicht auf eine geänderte Geschwindigkeit abzielt, sondern lediglich die zugrundeliegende Entscheidung transparent machen möchte. Was nun folgt, ist eine bewusste Entscheidung. Das kann durchaus im fortgesetzten Schnellfahren münden, wird aber standardmäßig von einer Erklärung begleitet, die helfen kann, das Besondere dieser Situation nachzuvollziehen. Oder der Fahrer nimmt den Fuß vom Gaspedal, weil ihm selbst klar wird, dass es für dieses Verhalten keine vernünftige Erklärung gibt, d. h. er übernimmt bewusst Verantwortung für sein Tun. Ebenso ist der Beifahrer gefordert, Verantwortung für sein „Mitfahren" zu übernehmen. Lautet nämlich die Antwort des Fahrers: *„Ich fahre halt gern schnell"*, muss sich der Beifahrer entscheiden, ob er dieses Tempo (80 km/h im Stadtverkehr) akzeptieren will und weiter unbeschwert mitfährt oder ob es ihm unangenehm ist. Wer sein eigenes Unbehagen ernst nimmt, sollte dies nicht nur aussprechen, sondern auch dem Fahrer die Gelegenheit geben, darauf zu reagieren, beispielsweise:

Du sitzt am Steuer und darum entscheidest du, wie schnell du fährst. Das muss ich akzeptieren. Ich fühle mich unwohl bei diesem Tempo.

Jetzt muss der Fahrer eine weitere Entscheidung treffen. Es geht nun nicht mehr ums Tempo, sondern um die Frage, wie der Fahrer mit dem Unbehagen des Beifahrers umgehen will. Möglicherweise lenkt der Fahrer ein und fährt langsamer, genauso möglich halte ich folgende Reaktionen:

Du fühlst dich unwohl, wenn ich schnell fahre und ich fühle mich unwohl, wenn ich nur noch 50 fahre. Den Konflikt können wir wohl nicht lösen.

Oder etwas grober: Wer fährt, bestimmt; so ist nun mal die Regel. So schnell, dass etwas passieren könnte, fahre ich ja gar nicht.

Oder ganz respektlos: Jetzt stell dich doch nicht so an, bloß weil ich etwas zügiger fahre. Mach halt die Augen zu!

Wenn der Beifahrer sich und sein Sicherheitsbedürfnis ernst nimmt, muss er aussteigen oder sich zumindest künftige Fahrten ersparen. Einer meiner Leser hat kopfschüttelnd eingewendet: *„Das führt doch geradewegs in eine Eskalation. Wer wegen Schnellfahrens aussteigt, setzt doch die ganze Beziehung aufs Spiel.“* Hier wird in der Tat etwas aufs Spiel gesetzt:

Wer ernst genommen werden will, muss sich zunächst einmal selbst ernst nehmen.

Folgendes Beispiel trug sich in einer meiner Supervisionsgruppen zu:

Eine Kollegin kommt wiederholt zur morgendlichen Teambesprechung zehn Minuten zu spät. Spricht man sie darauf an, kommt stets die Entschuldigung: „Tut mir leid, aber der Bus hatte mal wieder Verspätung." Zusätzlicher Ärger entsteht bei den anderen Kollegen, dass die Zuspätkommende auch noch mit einem vollen Kaffeebecher ins Teamzimmer kommt. Schließlich hatte ein Kollege den Mut, sie darauf anzusprechen: „Du hattest Pech mit deinem Bus heute früh. Dennoch hast du dich entschieden, dir erst mal einen Kaffee zu holen, ehe du zur Morgenbesprechung kommst."

Zugegeben, das ist für die Kollegin unangenehm und auch peinlich. Wird Fehlverhalten angesprochen, ist das für den Betroffenen insoweit beschämend, als wir **Scham** immer dann empfinden, wenn wir uns nicht gemäß unserem **eigenen Wertmaßstab** verhalten. Die Entschuldigung *„Tut mir leid“* lässt erkennen, dass die Kollegin durchaus die Norm kennt und ihr Verhalten keineswegs aus Absicht oder aus Gleichgültigkeit erfolgt. Bislang kam sie mit dieser Entschuldigung durch, nach dem Motto: *Ich akzeptiere die Regel und entschuldige mich für meinen Regelverstoß. Die Tatsache, dass ich mich dafür schäme, muss reichen. Wir können also zur Tagesordnung übergehen.* Doch an diesem Morgen wird die Entschuldigungsroutine durchbrochen. Schauen wir uns den Wortlaut des Kollegen an: Weder kritisiert er sie, noch macht er ihr Vorhaltungen oder schreibt ihr vor, wie sie sich zukünftig zu verhalten hat. Er macht ihr lediglich deutlich und damit bewusst, welche Entscheidung ihrem Zuspätkommen zugrunde liegt. Und das in einem neutralen Tonfall. Das führt keineswegs zwangsläufig zum wünschenswerten Zielverhalten. Was der Kollegin aber fortan nicht mehr gelingen wird, ist sich spontan einen Kaffee zu holen. Fortan wird sie sich – wenn überhaupt – bewusst für dieses Verhalten entscheiden müssen.

Es ist allerdings in unserer Alltagskommunikation ungewöhnlich, störendes Verhalten lediglich beschreibend anzusprechen und die Verantwortung komplett beim anderen zu belassen. Vertraut ist uns die klassische Kritik. Dabei wird unser Fehler benannt und wir werden mehr oder weniger drastisch zurechtgewiesen, dieses Verhalten abzustellen, andernfalls würden uns Konsequenzen drohen. So unangenehm derartige Kritik ist, erlaubt sie doch, den Kritisierenden abzulehnen. Das geschieht zwar nur in Gedanken, hilft aber das emotionale Gleichgewicht zu bewahren. Typisch sind dann innere Monologe im Stil von: *„So ein Blödmann. Immer auf mich. Nie kann man was recht machen. Die kann mich mal.“* Usw.

Beschreiben wir jedoch das Verhalten und sprechen die zugrundeliegenden Entscheidungen an, kann der andere nicht in die „Märtyrerrolle“ schlüpfen. Er muss Verantwortung für seine Entscheidungen übernehmen. Das ist zunächst einmal gewöhnungsbedürftig.

Der obige Dialog ging tatsächlich weiter, weil der Kollegin sofort eine weitere Ausrede einfiel:

Ihr wisst doch, dass ich morgens erst mal einen Kaffee brauche, sonst ist mit mir nicht viel anzufangen.

Dein morgendlicher Kaffee bleibt dir unbenommen. Ich verstehe nicht, was dich hindert, dir diesen vor acht zu holen, dann bist du pünktlich zur Teambesprechung hier.

Du erwartest doch hoffentlich nicht, dass ich einen Bus früher nehme. Also, alles was recht ist.

Das ist deine Entscheidung. Im Moment hast du dich entschieden, dass dir dein Kaffee wichtiger ist, als pünktlich zur Morgenbesprechung zu kommen.

Wieso meckerst du die ganze Zeit an mir 'rum? Bislang hat das niemanden gestört.

Irrtum! Gestört hat es mich schon lange, aber ich habe nie etwas gesagt. Das kannst du mir meinetwegen zum Vorwurf machen, dass ich so lange geschwiegen habe. Aber ich habe keinen Bock, stets schweigend zu schlucken, wenn mir was auf den Keks geht.

Sie sehen, es bedarf bei manchen Zeitgenossen eines langen Atems, um sie damit zu konfrontieren, dass ihrem Handeln eine Entscheidung zugrunde liegt und sie auch dann verantwortlich sind, wenn sie nicht durchdacht oder mit Absicht gehandelt haben. Alle Versuche, sich aus der Verantwortung zu stehlen, sind ein gängiges und auch nachvollziehbares Verhalten. Zu ungewohnt ist es, Entscheidungen bewusst zu machen. Wenn es Ihnen dennoch gelingt, beschreibend beim anderen zu bleiben, kommen sie ans Ziel, die Verantwortung dorthin zu lenken, wo sie nun mal hingehört: zum anderen.

Unser alltägliches Gesprächsverhalten ist davon geprägt, darauf zu vertrauen, dass der andere die Verantwortung übernimmt. **Beim Fragen** hatten wir festgestellt, dass der Fragende sich in der Regel nicht erklärt, weil er davon ausgeht, dass der Befragte den Kontext auch so versteht bzw. bereit ist, die Frage zu beantworten, auch wenn er nicht versteht, wozu er das gefragt wird. **Beim Argumentieren** wird ebenfalls darauf vertraut, dass der Gesprächspartner zuhört und sich bereitwillig mit den Argumenten auseinandersetzt bzw. sich diesen anschließt. Und **beim Fehlverhalten** können wir feststellen, dass der sich Entschuldigende die Verantwortung auf andere oder die Umstände schiebt und davon ausgeht, dass dies nicht weiter hinterfragt wird. Doch genau darin liegt Ihre Chance:

Machen Sie dem anderen bewusst, dass er eine Entscheidung getroffen hat und dafür verantwortlich ist.
Wir sind dabei nicht nur verantwortlich für das, was wir tun, sondern auch für das, was wir nicht tun. Denn auch dem Unterlassen einer Handlung geht stets eine Entscheidung voraus.

Sich zu erklären, ist allerdings kein Bestandteil der Alltagskommunikation. Das werden Sie merken, sobald Sie Ihr Gegenüber bitten, darzulegen, wie er zu seiner Äußerung kommt. So berichtete mir kürzlich ein Klient über einen für ihn ungewohnten Gesprächsverlauf:

Seine Mitarbeiterin äußerte während einer Abteilungsbesprechung in Bezug zu einer aktuellen Krisensituation: „Es ist ja nicht ausgeschlossen, dass Sie die sich schon im Januar abzeichnenden Entwicklungen übersehen bzw. falsch eingeschätzt haben." Klassischerweise hätte er prompt zu einer langen Rechtfertigung angesetzt, doch nun schaltete er in den **Neugiermodus** und erwiderte: „Irgendetwas lässt Sie an meiner Entscheidung vom Januar zweifeln. Gern möchte ich verstehen, was Sie zu Ihrer Einschätzung gebracht hat." Im Tonfall schon ziemlich pampig kam als Reaktion: „Man wird ja wohl noch fragen dürfen." – „Selbstverständlich können Sie fragen. Da Ihre Äußerung eine gewisse Skepsis erkennen lässt, will ich verstehen, wodurch Ihre Zweifel entstanden sind." Statt sich endlich zu erklären, wich die Mitarbeiterin aus und griff Ihren Vorgesetzten direkt an: „Sie drehen mir gerade das Wort um. Ich kapier nicht, wieso Sie mich nicht verstehen wollen." Es wäre ein Leichtes gewesen, die Mitarbeiterin in ihre Schranken zu weisen. Im Ergebnis wäre sie jedoch in die Märtyrerrolle geschlüpft, nach dem Motto: Keiner versteht mich und der Chef ist ein autoritärer Despot. Dem Vorgesetzten gelang es jedoch, die Verantwortung zu thematisieren: „Stopp! Ich habe Sie gebeten, mir zu erklären, worauf Ihre Zweifel an meiner Entscheidung fußen. Aus Gründen, die ich nicht kenne, haben Sie sich entschieden, mir bislang keine Erklärung zu geben. Das muss ich respektieren. Es bleibt Ihre Entscheidung, dass ich Sie nicht verstehen soll."

Wir können niemanden zwingen, sich so zu erklären, dass wir ihn verstehen. Wir können aber transparent machen, dass der fehlenden Erklärung eine Entscheidung zugrunde liegt.

Wenn Sie auf Ihre Bitte um Verstehen-Wollen keine schlüssige Erklärung erhalten, dann benennen Sie das:
„Aus irgendwelchen Gründen ist es Ihnen wichtig, dass ich Sie nicht verstehe."

Ich muss Sie an dieser Stelle auf eine unangenehme Nebenwirkung dieser Vorgehensweise hinweisen: Die meisten Menschen reagieren (leider!) ungehalten, wenn sie ihr störendes oder ungebührliches Verhalten erklären sollen. In der Alltagskommunikation wird darauf vertraut, dass Äußerungen in der Regel unhinterfragt bleiben. Ich konnte bei Kindern, die ja noch sehr häufig mit Warum-Fragen bedrängt werden, beobachten, wie sich diese durch ein knappes „*weil halt*" jeglicher Begründung entziehen.

Der Wunsch, den anderen verstehen zu wollen, hebt die Selbstverständlichkeit einer Äußerung auf, ja stellt diese und letztlich den Sprecher mit seinem Vorgehen infrage. Wir machen uns also nicht gerade beliebt, wenn wir uns gegen die unausgesprochenen Erwartungen unserer Mitmenschen stellen, unhinterfragt zu bleiben. Ob der umgekehrte Weg Sie zufrieden stellt, sich nämlich stets erwartungskonform zu verhalten, müssen Sie für sich entscheiden. In jedem Fall bleibt eine erwartungskonforme Reaktion im üblichen Rahmen und bestätigt den anderen in seinem Glauben, sich angemessen zu verhalten. Erst eine aus dem Rahmen fallende Reaktion durchkreuzt das eingefahrene Spiel. Sie entscheiden, ob und wie lange Sie mitspielen wollen.

Wir hatten bereits im ersten Kapitel festgestellt, dass der Fragende darauf vertraut, dass seine Frage ohne weitere Erklärung akzeptiert wird und schnell aus dem Konzept kommen kann, wenn wir ihn bitten, uns darzulegen, worauf seine Frage abzielt. Ebenso konnten wir entdecken, wie schnell eine Argumentation in sich zusammenfällt, wenn dem Argumentierer vor Augen geführt wird, dass er überhaupt kein Interesse an uns und an unserer möglichen Gegenposition hat und nur darauf erpicht ist, dass wir ihm zuhören. Und genauso verhält es sich bei den alltäglichen Entscheidungen, die unhinterfragt bleiben sollen und am besten unter der Überschrift *„das wird halt so gemacht“*, *„höhere Gewalt“*, *„naturgegeben“* oder gar *„alternativlos“* stehen.

In gewisser Weise verhalten wir uns wie **Spielverderber,** wenn wir gängige Kommunikationsmuster durchbrechen und anders als erwartet reagieren. Die Analogie zum Spielverderber mag uns helfen, diesen Sachverhalt genauer zu beleuchten: Wer bei einem Würfelspiel wie beispielsweise „Mensch ärgere dich nicht!“ statt der gewürfelten Vier seine Figur einfach fünf Felder weiterzieht, schummelt zwar, bleibt aber im Spiel. Wird er auf diese „Schummelei“ hingewiesen, wird er akzeptieren, dass seine Figur ein Feld zurückgesetzt wird und hat doch etwas ganz Wichtiges gelernt: Man darf sich beim Schummeln nicht erwischen lassen. Mit anderen Worten, der „Oberaufpasser“ ist zwar blöd, aber deswegen ist Schummeln eine geradezu berechtigte Reaktion. So gelingt es dem Schummler, sich zum Opfer zu stilisieren und für sich sogar ein Recht auf Schummeln herauszunehmen. Genauso rechtfertigen auch Schüler ihr Schummeln und Abschreiben.

Eine völlig andere Situation entsteht, wenn der Schummelversuch nicht kritisiert oder geahndet wird, sondern als legitimer Versuch betrachtet wird, die Spielregeln neu zu formulieren. Stellen Sie sich gerade vor, wie der Schummler reagiert, wenn auf sein Vorsetzen um fünf Felder die Reaktion kommt: *„Okay, wir können gern eine neue Spielregel einführen: Ab sofort ist jede gewürfelte Vier gleichzeitig auch eine Fünf."* Ich gebe zu, das ist schon eine ziemlich ungewöhnliche Reaktion. Entscheidend ist auch hier das Prinzip: **Verantwortung bewusst machen.**

Es erfordert eine gehörige Portion Selbstdisziplin, im alltäglichen Gespräch vor jeder eigenen Reaktion zu prüfen, wieweit wir den anderen wirklich verstanden haben. Wir sind es gewohnt, sofort inhaltlich zu reagieren, auch wenn wir noch gar nicht verstanden haben, was das eigentliche Ziel unseres Gesprächspartners ist. Wir übernehmen dabei – ohne es zu bemerken – die Verantwortung für den anderen und spielen dessen Spiel. Der „Aufpasser" beim Würfelspiel fühlt sich verantwortlich, dass die Figuren richtig gesetzt werden und kontrolliert jeden Wurf. Der „Schummler" bestimmt auf diese Weise den „Aufpasser", ohne selbst Verantwortung übernehmen zu müssen.

Auch die, die einfach eine Behauptung in den Raum setzen, gehen davon aus, dass irgendjemand schon inhaltlich reagieren wird und sich für den weiteren Gesprächsverlauf verantwortlich fühlt.

Wir hatten ja schon im ersten Kapitel erkannt, wie gewohnheitsmäßig wir antwortend reagieren, sobald wir gefragt werden; selbst dann, wenn uns noch gar nicht klar ist, wozu wir das gefragt werden. Wenn es Ihnen gelingt, aus dem **Neugiermodus** den anderen um Erläuterungen zu bitten, benötigen Sie einen langen Atem. Sie werden mit Erklärungen konfrontiert, die Sie einladen, sofort inhaltlich Stellung zu beziehen. Ob Sie dabei widersprechen, etwas korrigieren oder „nur" Ihre Sichtweise äußern, prompt spielen Sie mit und ersparen dem anderen, Verantwortung zu übernehmen und sich und seine Entscheidungen zu erklären.

Folgendes Beispiel trug sich kürzlich in einer Klinik zu:

Da erfährt ein leitender Mitarbeiter, der immer wieder seine Überlastung erwähnt hat, dass er einen neuen Kollegen erhält, der die anfallenden Aufgaben künftig mit ihm gemeinsam bewältigen soll. Statt jedoch dankbar zu reagieren, beklagt er sich bei seinem Vorgesetzten mit den Worten: „Also, das geht ja nun überhaupt nicht."

Am liebsten hätte der Vorgesetzte erklärt, warum das nicht nur geht, sondern auch notwendig ist. Schließlich liegen dieser Personalentscheidung lange Überlegungen und verschiedene Gespräche mit der Personalabteilung zugrunde. Doch der Vorgesetzte übt sich im Verstehen und reagiert erst einmal aus dem **Neugiermodus:** „Irgendetwas stört Sie an meiner Entscheidung, ich habe nur noch nicht verstanden, was es genau ist."

„Das habe ich doch gerade erklärt: Das geht einfach nicht, das können Sie nicht machen, nicht mit mir."

Fast wäre der Vorgesetzte in die Falle getappt und hätte dargelegt, warum er als Verantwortlicher sehr genau weiß, was er da entschieden hat. Es gelingt ihm, im Neugiermodus zu bleiben: „Okay, ich habe verstanden, dass Ihnen das gegen den Strich geht. Ich möchte gern nachvollziehen, was Sie daran so erbost."

„Das wissen Sie ganz genau. Ich lasse mich doch hier nicht zum Gespött machen und teile meine Verantwortung mit irgendjemandem, den Sie mir vor die Nase setzen."

Diese Behauptung erfordert geradezu eine Richtigstellung, doch noch hat der Vorgesetzte nicht verstanden, was seinen Mitarbeiter so aufregt, darum bleibt er im Neugiermodus: „Wenn Sie sagen 'vor die Nase setzen', hört sich das so an, als ob Sie sich zurückgesetzt fühlen. Das kann ich noch nicht nachvollziehen."

„Wieso verstehen Sie das nicht? Bislang war ich für diesen Bereich allein leitend zuständig. Wenn Sie noch jemanden einstellen, entsteht doch sofort der Eindruck, ich schaffe das allein nicht mehr."

Weiterhin um Verständnis bemüht, gelingt es dem Vorgesetzten, den möglichen Imageverlust zu thematisieren: „Allmählich verstehe ich Ihre Sorge. Sie befürchten, in einem ganz blöden Licht dazustehen, als jemand, der seine Aufgaben nicht allein gebacken bekommt."

„Klar, ist doch so. Bloß weil ich ein paarmal erwähnt habe, dass mir alles zu viel wird, keine Kapazität mehr habe und überlastet bin, muss man mir doch nicht gleich so ein Kuckucksei ins Nest legen."

Dank dieser Wendung kann der Vorgesetzte beim Mitarbeiter bleiben: „Sie machen mir gerade zum Vorwurf, dass ich Sie ernst genommen habe. Sie erklären mir gerade, dass Ihre Klagen wegen Überlastung gar nicht so gemeint waren. Daraus hat sich jetzt etwas entwickelt, was Sie so gar nicht beabsichtigt hatten. Sie ärgern sich über mich, weil ich Ihre Klagen für bare Münze genommen habe. Sie können jetzt überlegen, was auf Ihre Kappe geht."

Auch wenn ich regelmäßig die Erfahrung mache, dass der **Neugiermodus** hilft, Verständnis für einen anderen und sein Verhalten zu entwickeln, möchte ich immer wieder betonen, dass wir dafür einen sehr, sehr langen Atem benötigen und manchem Zick-Zack-Kurs des anderen ausgesetzt sind. Verantwortung für die eigenen Entscheidungen zu übernehmen, ist für viele Menschen ungewohnt und sie betreten Neuland. Und wie ich bereits im Kapitel 5 erklärt hatte, löst Neues, wenn es verwirrend ist, Stress und Abwehr aus. Auch dafür Verständnis aufzubringen, zeigt unsere Wertschätzung dem anderen gegenüber.

Wenn es Ihnen gelingt, Ihrem Gegenüber bewusst zu machen, dass seinem Verhalten – egal wie störend es für Sie auch gerade sein mag – eine Entscheidung zugrunde liegt, bleibt die Verantwortung beim anderen und Sie geraten nicht unter Zugzwang, irgendeinen kritischen oder sonst wie wertenden Kommentar abzugeben.

Bei diesem Vorgehen kann Ihr Gesprächspartner nicht als Objekt Ihres Urteils reagieren, sondern bleibt Subjekt und muss sich mit den Konsequenzen eigener Entscheidungen auseinandersetzen. Sie werden über kurz oder lang feststellen, dass Sie mit den folgenden Satzanfängen sehr wertschätzend den anderen ernst nehmen und ihm die Freiheit lassen, sein künftiges Verhalten eigenverantwortlich zu regulieren:

- *„Du hast dich entschieden …"*
- *„Sie haben den Entschluss gefasst …"*
- *„Es war deine Entscheidung …"*
- *„Sie haben beschlossen…"*
- *„Sie haben für sich ausgemacht, dass…"*

Ich räume ein, dass unsere derart gezeigte Wertschätzung nicht immer auf Gegenliebe stößt. Wer es nicht gewohnt ist, Verantwortung für die eigenen Entscheidungen zu übernehmen, fühlt sich unbehaglich. In jedem Fall funktioniert ein gewohntes Verhalten nicht mehr. Manche erkennen sogleich, dass es in der Tat um ihre Entscheidungen geht, andere tun sich schwer, das vertraute „Spiel" kampflos aufzugeben und versuchen, uns im alten Muster zu provozieren, damit wir (wieder) Verantwortung übernehmen. Einen anderen Menschen ernst zu nehmen, der gar nicht ernst genommen werden möchte, geht häufig mit Abwehr und auch Ablehnung einher.

Im Beispiel mit dem Zuspätkommen zur Morgenbesprechung bin ich schon kurz auf die „*Tut mir leid*"-Entschuldigung eingegangen. Ich will im Folgenden noch genauer auf diesen kommunikativen Trick eingehen. Selbstverständlich soll jemand, der einen Fehler gemacht hat, die Möglichkeit haben, um Verzeihung zu bitten. Was ich jedoch infrage stelle, ist das ehrliche Eingestehen eines Fehlverhaltens. Geradezu verräterisch ist bei der Entschuldigungsfloskel die Fortsetzung des Satzes, die nur zu oft mit einem „*Aber*" beginnt. Wenn wir uns klar machen, dass das **Aber** dazu dient, alles, was vor dem Aber gesagt wurde, aufzuheben, dann folgt daraus, dass die Entschuldigung gar nicht ernst gemeint war und einem auch nichts leidtut. Dieses Verhalten ist so eingefahren und verbreitet, dass wir es kaum ändern werden. Was wir ändern können, ist unsere Reaktion darauf. Wie geht es Ihnen in den folgenden Beispielen?

Tut mir wirklich leid, wenn Sie heute Überstunden machen müssen, aber der Kunde erwartet die Auswertung morgen früh.

Ich bitte mal wieder um Entschuldigung, aber der morgendliche Verkehr ist einfach eine Katastrophe.

Verzeih meine Neugier, aber sag mir, mit wem du gerade so intim telefoniert hast.

Sorry für die Schramme am Kotflügel, aber der Pfosten war beim besten Willen nicht zu sehen.

Ich bedaure, Euch nicht entgegenkommen zu können, aber da bekäme ich Ärger mit Euren Eltern, wenn Ihr versteht, was ich meine.

Wer so redet, vertraut darauf, dass die zugrundeliegende Entscheidung nicht hinterfragt wird. Folgende Erwiderungen sind zwar (noch!) ungewöhnlich, tragen aber zur Klärung bei:

Mit anderen Worten, Sie haben dem Kunden bereits eine Zusage gemacht und entschieden, dass ich das ausbaden soll.

Obgleich Sie den morgendlichen Verkehr nur zu gut kennen, haben Sie sich entschieden, es drauf ankommen zu lassen und Ihre Anreisezeit äußerst knapp geplant.

Du findest deine Neugier zwar nicht okay, weshalb du schon vorab um Verzeihung bittest, hast aber beschlossen, mich dennoch auszufragen.

Das klingt so, als ob der Pfosten für die Schramme verantwortlich ist.

Sie haben sich entschieden, lieber uns vor den Kopf zu stoßen, als sich möglicherweise Ärger mit einigen Eltern einzuhandeln.

Der kommunikative Trick, das eigene Fehlverhalten zu relativieren, bedient sich neben den verschiedenen Formen der Entschuldigung auch des **vereinnahmenden Verständnisses.** Damit meine ich all die Wendungen, bei denen unsere Zustimmung bereits vorausgesetzt wird:

Ich hoffe, es macht Ihnen nichts aus, die Gruppe zu wechseln, aber hier sind wir bereits zehn und in der anderen Gruppe erst sieben.

Sei mir nicht böse, aber das Meeting musst du allein halten, ich habe die einmalige Chance, in Bayreuth den *Fliegenden Holländer* zu sehen.

Du musst verstehen, dass ich ungern eine Ausnahme mache.

Gell, du hast doch nichts dagegen, wenn ich mir deine Präsentation nehme, sonst schaffe ich das nicht mehr.

Sie sind doch sicherlich einverstanden, heute Protokoll zu schreiben.

Mich erstaunt, wie konfliktfrei diese Vereinnahmungen funktionieren und wie häufig ein Kopfnicken erfolgt. *„Der Klügere gibt nach"* ist zwar die gängige Erklärung, beschönigt aber nur die aktuelle Konfliktscheu. Das akzeptierende Lächeln sieht meist gezwungen aus. Der Groll stellt sich erst viel später ein und den müssen sich meist andere anhören. Dabei können wir durchaus freundlich erwidern, dass die Entscheidung bereits getroffen und unsere Zustimmung vorausgesetzt wurde. Das kann sich bei den fünf obigen Beispielsätzen etwa so anhören:

1. Ich hoffe, es macht Ihnen nichts aus, die Gruppe zu wechseln, aber hier sind wir bereits zehn und in der anderen Gruppe erst sieben. – Sie haben bereits entschieden, wer die Gruppe wechseln soll und gehen davon aus, dass ich einverstanden bin.
2. Sei mir nicht böse, aber das Meeting musst du allein halten, ich habe die einmalige Chance, in Bayreuth den *Fliegenden Holländer* zu sehen. – Du möchtest dir diese Chance nicht entgehen lassen und gleichzeitig erreichen, dass ich dafür Verständnis habe. Deine Entscheidung, mich allein das Meeting halten zu lassen, hast du längst getroffen. Ich habe im Moment nicht den Eindruck, dass es dich wirklich interessiert, wie es mir damit geht.
3. Du musst verstehen, dass ich ungern eine Ausnahme mache. – Du hast für dich entschieden, in meinem Fall keine Ausnahme zu machen und erwartest, dass ich dafür auch noch Verständnis habe. Bislang hast du mir noch nicht erklärt, unter welchen Bedingungen du dennoch eine Ausnahme machen würdest.
4. Gell, du hast doch nichts dagegen, wenn ich mir deine Präsentation nehme, sonst schaffe ich das nicht mehr. – Ohne mich in deine zeitliche Planung einzubeziehen, setzt du bereits mein Einverständnis voraus. Irgendwie hast du bereits entschieden, dass du nur mit meiner Präsentation zum Ziel kommst.
5. Sie sind doch sicherlich einverstanden, heute Protokoll zu schreiben. – Sie haben bereits entschieden, dass ich Protokoll schreiben soll, möchten aber zusätzlich erreichen, dass ich dafür auch noch mein Einverständnis signalisiere.

Vielleicht haben Sie beim Lesen geschluckt und gedacht, so direkt kann man das dem anderen doch nicht sagen. Ich stimme zu, diese Direktheit kann zu einer Störung der Beziehung führen, was nicht ohne Konsequenzen für die Zukunft bleibt. Gleichzeitig mögen wir uns fragen, wie entspannt und harmonisch wir eine Beziehung erleben, bei der ein anderer unsere Zustimmung vereinnahmend voraussetzt. Noch direkter gefragt: Wollen wir uns weiterhin über den anderen ärgern, der manipulativ mit unserem Einverständnis rechnet? Oder nehmen wir in Kauf, dass der andere sich gegebenenfalls über uns ärgert, weil er mit seiner Masche nicht länger zum Ziel kommt? Zweifelsohne gibt es auch Situationen, in denen es opportun ist, den Mund zu halten; wie es auch Situationen gibt, die es nicht wert sind, mit Widerworten Beachtung geschenkt zu bekommen. Es liegt in Ihrer Verantwortung, jeden Fall einzeln abzuwägen.

Es zieht sich wie ein roter Faden durch dieses Buch, konventionelle Kommunikationsmuster durch ein verändertes Reaktionsverhalten zu ersetzen. Dahinter steckt keinerlei erzieherische Absicht, im Gegenteil: Unsere Gesprächspartner können sich weiterhin so verhalten, wie sie es nun mal tun, wir heben lediglich die Spontaneität auf. Was bislang unwillkürlich und auch unreflektiert erfolgte, bekommt einen völlig neuen Stellenwert, weil der andere nun eine bewusste Entscheidung fällen und dafür auch die Verantwortung übernehmen muss.

Auf der anderen Seite geht es auch um uns und die Frage, wieweit wir Verantwortung für uns selbst übernehmen wollen. Solange wir in den gebräuchlichen Reaktionsmustern verharren, spielen wir das Spiel der anderen mit. Das trägt in jedem Fall vordergründig zu Harmonie und Einvernehmen bei. Doch fordert dieses konfliktfreie Reagieren einen Preis: Der andere bestimmt über uns und führt uns gemäß seinen Zielvorstellungen. Wer Wert legt auf seine Eigenständigkeit, reagiert nicht so „pflegeleicht“, wie es andere gerne hätten. Die dabei entstehende Reibung muss nicht in einen Konflikt münden, sondern kann den Beginn echter Begegnung ermöglichen. Nach meiner Erfahrung beginnt wirkliche Nähe dann, wenn zwei Menschen in voller Aufrichtigkeit Verantwortung für sich selbst pflegen. Das mögen Glücksmomente sein, die uns helfen, mit Menschen in Kontakt zu kommen, die uns ernst nehmen. Ob wir mit denen, die uns nicht ernst nehmen, die uns missachten, weiterhin Beziehungen pflegen wollen, muss jeder für sich entscheiden.

Die vorangegangenen fünf Vereinnahmungsbeispiele greife ich nochmals auf und biete Ihnen jeweils zwei denkbare Fortsetzungen und Sie mögen entscheiden, wie Sie sich gegebenenfalls selbst fortan verhalten wollen:

1. Ich hoffe, es macht Ihnen nichts aus, die Gruppe zu wechseln, aber hier sind wir bereits zehn und in der anderen Gruppe erst sieben. – Sie haben bereits entschieden, wer die Gruppe wechseln soll und gehen davon aus, dass ich einverstanden bin.

Respektlos: Nun machen Sie doch nicht so ein Gedöns. Irgendeiner muss schließlich gehen, warum also nicht Sie. Sie stehen ja noch.

Respektvoll: Oh je, das war wirklich ziemlich übergriffig von mir. Ich habe Sie überhaupt nicht einbezogen. Ich kann mich nur entschuldigen.

2. Sei mir nicht böse, aber das Meeting musst du allein halten, ich habe die einmalige Chance, in Bayreuth den *Fliegenden Holländer* zu sehen. – Du möchtest dir diese Chance nicht entgehen lassen und gleichzeitig erreichen, dass ich dafür Verständnis habe. Deine Entscheidung, mich allein das Meeting halten zu lassen, hast du längst getroffen. Ich habe im Moment nicht den Eindruck, dass es dich wirklich interessiert, wie es mir damit geht.

Respektlos: Oh je, du immer mit deiner Gefühlsduselei. Wie es mir gerade geht, wenn ich diese Chance verpasse, geht dir doch völlig am Arsch vorbei.

Respektvoll: Verflixt, du hast recht. Vor lauter Bayreuth-Fieber habe ich dich total ausgeblendet. Mir wird gerade klar, wie rücksichtslos ich mit dir umspringe, echt peinlich. Ich glaube, ich muss mich noch mal komplett neu sortieren.

3. Du musst verstehen, dass ich ungern eine Ausnahme mache. – Du hast für dich entschieden, in meinem Fall keine Ausnahme zu machen und erwartest, dass ich dafür auch noch Verständnis habe. Bislang hast du mir noch nicht erklärt, unter welchen Bedingungen du dennoch eine Ausnahme machen würdest.

Respektlos: Du kannst es einem aber auch schwer machen. Ich bin bemüht, dir meine Entscheidung so diplomatisch wie irgend möglich zu erklären und du legst jedes Wort auf die Goldwaage. Frag dich mal, warum du so oft eine Abfuhr erhältst. Du benimmst dich wie ein Elefant im Porzellanladen.

Respektvoll: Jetzt hast du mich erwischt. Ich drücke mich davor, dir das zu erlauben, weil ich nicht weiß, wie die anderen reagieren. Womöglich nehmen die das als Präzedenzfall und berufen sich dann laufend darauf. Das macht mir einfach Sorgen.

4. Gell, du hast doch nichts dagegen, wenn ich mir deine Präsentation nehme, sonst schaffe ich das nicht mehr. – Ohne mich in deine zeitliche Planung einzubeziehen, setzt du bereits mein Einverständnis voraus. Irgendwie hast du bereits entschieden, dass du nur mit meiner Präsentation zum Ziel kommst.

Respektlos: Jetzt sei doch nicht so egoistisch! Du hast doch von mir auch schon Sachen bekommen. Ich dachte, du bist ein Teamplayer, aber da habe ich mich wohl in dir getäuscht. Wie heißt es so schön: 'Freunde in der Not gehen Tausend auf ein Lot.'

Respektvoll: Mist! Ich habe dich tatsächlich völlig bedenkenlos in meine Planung einbezogen, ohne mit dir überhaupt nur ein Wort zu reden. Das ist voll daneben! Erst einmal danke, dass du mich so wohlwollend auf mein Fehlverhalten ansprichst. Ich glaube, ich muss mal ganz grundsätzlich in mich gehen, weil ich das oft mache. Ich bin, was die Präsentation betrifft, wirklich in einer Klemme. Aber in die habe ich mich selbst hineingeritten.

5. Sie sind doch sicherlich einverstanden, heute Protokoll zu schreiben. – Sie haben bereits entschieden, dass ich Protokoll schreiben soll, möchten aber zusätzlich erreichen, dass ich dafür auch noch mein Einverständnis signalisiere.

Respektlos: Jetzt stellen Sie sich doch nicht so an! Ich hatte Sie freundlich gebeten und wollte beileibe kein Streitgespräch vom Zaun brechen. Also, schreiben Sie jetzt Protokoll oder muss das noch ausdiskutiert werden?

Respektvoll: Wow! Jetzt haben Sie mich. Wenn ich ehrlich bin, muss ich zugeben, dass Sie den Nagel auf den Kopf getroffen haben. Ich finde es immer nervig zu klären, wer nun Protokoll schreibt und hatte mir gewünscht, ein freundliches Lächeln plus „Klar, mach ich" zu erhalten. Aber Sie haben recht, ich habe Sie ziemlich geringschätzig behandelt und mich über Sie hinweggesetzt. Nehmen Sie mir bitte ab, dass mir das eine Lehre sein soll.

Mit den respektlosen Entgegnungen will ich deutlich machen, dass wir mit schroffen Reaktionen rechnen müssen, wenn wir das Kommunikationsverhalten unserer Gesprächspartner zum Thema machen. Wir machen ja dem anderen einen Strich durch seine Rechnung, die er allerdings bislang ohne uns gemacht hatte. In der Respektlosigkeit zeigt der andere auch sein wahres Gesicht. Das sollte uns helfen, uns in Zukunft vor weiterer Missachtung zu schützen. Wir müssen deswegen nicht gleich kündigen oder uns trennen. Wir können aber insgesamt zurückhaltender und vorsichtiger sein und uns klar machen, dass wir für den anderen nur eine Spielfigur sind.

Vielleicht geht es Ihnen ähnlich wie vielen meiner Teilnehmer, die schnell lernen, mit der ersten Erwiderung wertschätzend auf den anderen zu reagieren. Um auch mit der zweiten und dritten Entgegnung weiterhin wertschätzend zu bleiben, will ich die vorangegangenen Beispiele mit ihrer respektlosen Form vertiefen.

1. ***Respektlos***: Nun machen Sie doch nicht so ein Gedöns. Irgendeiner muss schließlich gehen, warum also nicht Sie. Sie stehen ja noch.

Ich habe Sie anscheinend verärgert, indem ich Ihre Entscheidung infrage stelle. Das war nicht meine Absicht. Tatsächlich möchte ich gern in dieser Gruppe bleiben und bin zuversichtlich, dass es dafür eine Lösung geben wird.

2. ***Respektlos***: Oh je, du immer mit deiner Gefühlsduselei. Wie es mir gerade geht, wenn ich diese Chance verpasse, geht dir doch völlig am Arsch vorbei.

Stopp! Du erwartest mein Verständnis und bist empört, dass ich nicht zustimmend reagiere. Ich glaube sofort, dass dir diese Opernaufführung wichtig ist. Vielleicht bist du erstaunt, wenn ich dir sage, dass ich mich verarscht fühle, wenn du auch noch von mir forderst, dir nicht böse sein zu dürfen.

3. ***Respektlos***: Du kannst es einem aber auch schwer machen. Ich bin bemüht, dir meine Entscheidung so diplomatisch wie irgend möglich zu erklären und du legst jedes Wort auf die Goldwaage. Frag dich mal, warum du so oft eine Abfuhr erhältst. Du benimmst dich wie ein Elefant im Porzellanladen.

Du machst mir gerade Vorwürfe, weil ich deine Formulierung ernst genommen habe. Ich habe jetzt verstanden, dass die Worte „ungern eine Ausnahme" von dir gar nicht so gemeint waren. Aus irgendwelchen Gründen möchtest du mir deine Entscheidung nicht näher erläutern.

4. ***Respektlos***: Jetzt sei doch nicht so egoistisch! Du hast doch von mir auch schon Sachen bekommen. Ich dachte, du bist ein Teamplayer, aber da habe ich mich wohl in dir getäuscht. Wie heißt es so schön: 'Freunde in der Not gehen Tausend auf ein Lot.'

Halt! Du hältst mich für einen Egoisten, weil ich nicht wunschgemäß reagiere und machst mir mangelnde Teamfähigkeit zum Vorwurf. Anscheinend habe ich bereits ein Sakrileg begangen, deine Entscheidung überhaupt zu thematisieren.

Mit diesen Antworten ziehen wir wertschätzend eine Grenze und zeigen dem anderen, dass wir uns selbst ernst nehmen.

Bei den folgenden Beispielen können Sie zunächst einmal selbst eine Erwiderung formulieren und ausprobieren, wie sich die zugrundeliegende Entscheidung transparent machen lässt.

1. Eine neue Kollegin, mit der Sie gemeinsam ein größeres Meeting vorbereitet haben, spricht Sie zwei Tage vor dem geplanten Termin wie folgt auf dem Gang an: *„Gut, dass ich Sie treffe. Ich wollte fragen, ob Ihnen das viel ausmachen würde, das übermorgen allein zu machen. Eine Freundin fliegt nach Peking. Weil ihr Mann krank geworden ist, kann ich stattdessen mitkommen. Das will ich mir natürlich nicht entgehen lassen.“*
2. Sie haben für den kommenden Monat eine große Geburtstagsfeier mit der ganzen Familie geplant. Ihre Cousine hat wenige Tage vor Ihnen ebenfalls Geburtstag. Eines Abends ruft sie an: *„Hallo! Ich wollte dir nur Bescheid sagen, dass ich beschlossen habe, auch am Fünften zu feiern. Das passt mir einfach am besten in den Kram. Ich hoffe, das ist für dich okay und macht dir nichts aus.“*
3. Sie wollen Ihr Badezimmer renovieren. Am Vorabend ruft der Freund an, der Ihnen eigentlich helfen wollte: *„Gut, dass ich dich erreiche. Es ist nämlich so, dass ich morgen nicht kann. Klara kommt überraschend zu Besuch, und du weißt ja, wie selten wir uns sehen, das verstehst du doch.“*
4. Sie leiten die Einkaufsabteilung in einem mittelständischen Unternehmen. Einer Ihrer Mitarbeiter kommt mit einem Prospekt in der Hand zu Ihnen und sagt: *„Mich hat ein Kunde zu einer Veranstaltung eingeladen. Tolle Sache, in Cannes, mit Diskussionsveranstaltung und Abendessen. Das ist ja recht teuer, da wollte ich das nur mit Ihnen abstimmen – Sie haben doch nichts dagegen, oder?“*
5. Sie haben an mehrere Mitarbeiter eine Tabelle zum Ausfüllen versandt, mit der klaren Ansage, diese noch in der gleichen Woche auszufüllen. Ein Mitarbeiter bringt Ihnen in der darauffolgenden Woche seinen Ausdruck mit handschriftlichen Eintragungen vorbei. *„Tut mir leid, aber mehr ist im Moment einfach nicht drin.“*

Vermutlich möchten Sie Ihre Antworten wieder mit denen meiner Teilnehmer vergleichen:

1. *„Gut, dass ich Sie treffe. Ich wollte fragen, ob Ihnen das viel ausmachen würde, das übermorgen allein zu machen. Eine Freundin fliegt nach Peking. Weil ihr Mann krank geworden ist, kann ich stattdessen mitkommen. Das will ich mir natürlich nicht entgehen lassen."*

Sie würden Ihre Zusage, dieses Meeting mit mir durchzuführen, gern zurücknehmen und lieber nach Peking fliegen. Mir dagegen ist es wichtig, dass wir als neues Team beim ersten Mal auch gemeinsam auftreten. *Oder:*

Ich kann gut nachvollziehen, dass Sie sich dieses einmalige Angebot nicht entgehen lassen möchten. Da Sie mich direkt fragen, ob es mir etwas ausmacht: Ja, es macht mir sogar sehr viel aus, weil von diesem Meeting viel abhängt und ich mir nicht vorstellen kann, wie ich das allein schaukeln soll.

2. *„Hallo! Ich wollte dir nur Bescheid sagen, dass ich beschlossen habe, auch am Fünften zu feiern. Das passt mir einfach am besten in den Kram. Ich hoffe, das ist für dich okay und macht dir nichts aus."*

Ich bin erstaunt, dass du hoffst, mir würde das nichts ausmachen. Offen gestanden verschlägt mir deine Planung die Sprache. Ich möchte gern mit dir überlegen, wie eine Lösung aussehen könnte, bei der sich keiner von uns beiden nachher blöd fühlt. *Oder:*

Dass das für dich am besten passt, glaube ich sofort. Gleichzeitig gehst du mit deinem Beschluss davon aus, dass das für mich okay sei. Ich würde gern eine Lösung finden, bei der sich unsere gemeinsamen Gäste nicht zwischen zwei Partys zerreißen müssen.

3. *„Gut, dass ich dich erreiche. Es ist nämlich so, dass ich morgen nicht kann. Klara kommt überraschend zu Besuch, und du weißt ja, wie selten wir uns sehen, das verstehst du doch."*

Du hast bereits entschieden, mir nicht zu helfen und gleichzeitig erwartest du, dass ich dafür Verständnis habe. *Oder:*

Du rechnest mit meiner Zustimmung für eine Entscheidung, die du längst ohne mich getroffen hast.

Auch wenn es bei beiden Antworten naheliegt, noch eine persönliche Bewertung nachzuschieben, im Sinne von „Finde ich nicht in Ordnung", kommen wir weiter, wenn der Fokus ausschließlich beim anderen bleibt und er nicht auf unsere Bewertung reagiert.

4. *„Mich hat ein Kunde zu einer Veranstaltung eingeladen. Tolle Sache, in Cannes, mit Diskussionsveranstaltung und Abendessen. Das ist ja recht*

teuer, da wollte ich das nur mit Ihnen abstimmen – Sie haben doch nichts dagegen, oder?"

Wenn Ihnen eine solche Einladung auf den Tisch flattert, ist das natürlich verlockend und irgendwie gehen Sie davon aus, dass ich zustimme. Für mich geht es darum, die Regeln des Unternehmens zu schützen. Wenn ich Ihnen so eine große Sache zubillige, haben die anderen Kollegen einen Präzedenzfall. *Oder:*

Sie sagen zwar, Sie wollen das nur mit mir abstimmen, gleichzeitig gewinne ich gerade den Eindruck, dass Sie davon ausgehen, dass ich nichts dagegen habe. Ich bin mir im Moment gar nicht sicher, wieweit Sie wissen wollen, wie ich tatsächlich dazu stehe.

5. *„Tut mir leid, aber mehr ist im Moment einfach nicht drin."*

Ich glaube gern, dass Sie zurzeit viel um die Ohren haben. Gleichzeitig haben Sie sich entschieden, sich eigenmächtig über meine Anweisung hinwegzusetzen. Sie haben mich leider in der vergangenen Woche nicht in Kenntnis gesetzt, dass Sie es zeitlich nicht packen, noch zeigen Sie mir jetzt, dass Sie diese Aufgabe überhaupt ernst nehmen. *Oder:*

Sie mögen im Moment ein gewaltiges Arbeitspensum zu bewältigen haben, doch Ihre Formulierung „Tut mir leid" nehme ich Ihnen nicht ab. Sie mögen Gründe haben, warum Sie mich nicht rechtzeitig informieren, etwas zeitlich nicht zu schaffen; da ich diese nicht kenne, bleibt bei mir das schale Gefühl zurück, von Ihnen nicht ernst genommen zu werden.

8. Kapitel

Mit GEZ zum Dialog

In diesem letzten Kapitel möchte ich Ihnen zeigen, wie Sie aus einer Haltung des **G**ewährens, des **E**rlaubens und **Z**ulassens (= GEZ) Ihr Gegenüber einladen können, sich zu erklären. Gerade bei Verhalten, das Sie stört, kann es helfen, die Hintergründe des anderen kennen zu lernen, bevor es zu einer Konfrontation kommt. Weil ich immer wieder auf das Konzept der „Gewaltfreien Kommunikation" verwiesen werde, möchte ich erläutern, wo ich Grenzen und auch Gefahren sehe, wenn diese Methode auf ein Sprachmodell reduziert wird.

Da der Ton die Musik macht, will ich zum Ende dieses Buches noch einmal deutlich machen, wie wichtig es ist, im „Tonfall der Beiläufigkeit" zu reagieren und wie sehr es sich lohnt, diesen so lange zu üben, bis er zur Routine geworden ist.

Wann immer Sie etwas sehen oder hören, was nicht Ihren Vorstellungen entspricht bzw. unter Ihren Erwartungen liegt, sind Sie enttäuscht. Ich hatte im 3. Kapitel erklärt, dass Enttäuschung immer dann entsteht, wenn die Wirklichkeit mit den Annahmen und Bildern in unserem Kopf nicht übereinstimmt. In der Konsequenz müssen wir entweder die Bilder im Kopf oder die Wirklichkeit ändern. Gelingt es, auf die äußere Realität so einzuwirken, dass diese mit den inneren Bildern wieder zur Deckung kommt, verschwindet die Enttäuschung und wir entspannen uns. Das funktioniert jedoch nur, wenn wir auch die Möglichkeit und die Macht haben, auf den anderen einzuwirken, also aus einer Position der Stärke Ansprüche stellen können, z. B.:

Vorgesetzter: Wenn Sie das nicht umgehend in Ordnung bringen, können Sie sich einen neuen Job suchen.

Lehrer: Ihr seid jetzt sofort still! Sonst schreibt Ihr einen Vokabeltest.

Elternteil an Kind: Mach deine Musik leiser, sonst ist das Gerät weg.

Neben dieser klaren Dominanz gibt es auch die subtile Machtdemonstration, bei der die Forderungen so gestellt werden, dass die Konsequenzen bei Nichterfüllung höchstens angedeutet oder ganz der Phantasie des anderen überlassen werden:

Partner: Du hast das schon wieder vergessen. Ich hoffe du weißt, was das für unsere Beziehung bedeutet.

Kollege: Wenn du das nochmal machst, weiß ich, was ich von dir zu halten habe.

Verhandlungspartner: Ich gehe davon aus, dass Sie an einer dauerhaften Beziehung zu uns interessiert sind und unsere vorgeschlagene Agenda akzeptieren.

Diese auf Überlegenheit und Be- bzw. Abwertung ausgerichtete Gesprächshaltung ist uns allen hinlänglich vertraut. Diese Art der Kommunikation kennen wir von klein auf und sie hat unser Denken geprägt. Wer so spricht, geht von der Vorstellung aus, dass die eigenen Werte und Prioritäten „richtig“ sind. Dahinter stecken zwei Überzeugungen:

- Die eigene Perspektive gilt für alle und alles.
- Es wird immer Sieger und Verlierer geben. Deshalb muss man entsprechend auftreten und Kante zeigen, wenn man auf der Siegerseite stehen möchte.

Für beide Überzeugungen wird ein hoher Preis bezahlt:

Wer einen anderen zum Verlierer macht, muss früher oder später mit dessen Rache rechnen.
Wer auf seine Sichtweise als die einzig richtige beharrt, schränkt seinen Horizont ein und bringt sich um neue Erfahrungen.

Wir empfinden Enttäuschung als eine unangenehme Emotion, die uns aus der als sicher geglaubten Vorstellung reißt. Ebenso empfinden wir auch Schreck als eine heftige Emotion, die durch die Wahrnehmung von etwas Unerwartetem oder Bedrohlichem ausgelöst wird und mit Aversion verbunden ist. Es gibt nichts, was uns vor Schreck oder Enttäuschung bewahrt. Was wir beeinflussen können, ist unsere jeweilige Reaktion darauf. Statt auf die Realität einzuwirken, damit sich diese gemäß den inneren Bildern verhält, können wir die Enttäuschung auch zum Anlass eines Erkenntnisgewinns machen und entdecken, wie die eigene Vorstellung wieder mit der Wirklichkeit in Einklang gebracht werden kann.

Die Enttäuschung als **Desillusion** zu betrachten, ist zunächst einmal ernüchternd. Genau darin liegt die Chance, einmal nüchtern zu betrachten, was bislang gefehlt hat, damit Bild und Wirklichkeit zusammenpassen. Bei diesem selbstkritischen Vorgehen werden wir entdecken, dass wir vieles ungeprüft angenommen haben. Die einfachste Möglichkeit, nicht in die **Falle der Vorannahmen** zu tappen, sehe ich darin, dass wir uns eingestehen, die Beweggründe und Absichten unseres Gegenübers noch nicht zu kennen. Das ist leichter gesagt, als umgesetzt. Denn die Enttäuschung kommt nicht ruhig und angekündigt daher, sondern löst sogleich weitere Emotionen aus, für die ich **Ärger als Überbegriff** wähle.

Nehmen wir also beim anderen ein Verhalten wahr, das nicht unseren Vorstellungen entspricht, puscht das sogleich unsere negativen Gefühle: Angefangen mit irritiert, genervt über aufgebracht, empört bis hin zu erbost und wütend. Dieses Gefühlskarussell läuft ganz automatisch ab und verleitet dazu, die Verantwortung für diese Empfindungen nach außen, eben auf den anderen zu verlagern. Nach dem Motto: Hätte dieser sich erwartungsgemäß verhalten, müssten wir nicht sauer reagieren. Tatsächlich machen wir uns diese Gefühle aber selbst. Wir sagen ja auch: *„Ich ärgere* ***mich****"* und übernehmen damit die Verantwortung für unser negatives Empfinden. Diese Haltung erlaubt uns innezuhalten und der Frage nachzugehen: Was ärgert mich gerade so sehr? oder: Wieso regt mich das so auf? bzw.: Worüber genau bin ich erbost? Naheliegenderweise richtet sich der Fokus zunächst auf den anderen, der mit seinem abweichenden Verhalten eine Störung hervorgerufen hat, beispielsweise:

Ist doch klar, dass ich mich über ihre Unpünktlichkeit ärgere, schließlich verpassen wir deswegen den Anfang des Films.

Natürlich bin ich sauer, dass er das Kleid nicht wie versprochen aus der Reinigung abgeholt hat. Was soll ich denn jetzt anziehen?

Freilich macht mich das wütend, sich über unsere Absprache hinwegzusetzen und einfach doppelt so viele Leute einzuladen wie vereinbart.

Wieso sollte ich nicht platzen, schließlich habe ich mich darauf verlassen, dass die Lieferung heute zugestellt wird.

Ich bin außer mir, mich so kurz vor der Sitzung hängen zu lassen und einfach nicht zu kommen.

So spontan diese Gefühle auftauchen, sind wir ihnen keineswegs ausgeliefert. Statt dem anderen weiterhin die Schuld für unsere Missstimmung zu geben, können wir innehalten und uns fragen, wie genau und wie gut wir die Beweggründe und Absichten unseres Gegenübers kennen. Wir neigen zu dem Glauben, dass wir die Dinge so sehen, wie sie tatsächlich sind und halten das für „objektiv". Wie kann es dann sein, dass andere mit einer ebenso „objektiven" Sichtweise die gleichen Dinge völlig anders sehen? Tatsächlich sehen wir die Welt nicht so, wie sie ist, sondern so, wie wir im Laufe unseres Lebens gelernt haben, die Welt zu sehen.

Es sind unsere Vorerfahrungen, die unsere Vorannahmen beeinflussen. Je genauer wir den Einfluss dieser Erfahrungen auf unsere Wahrnehmung kennen, umso mehr Verantwortung können wir für unsere momentane Sichtweise übernehmen.

Sobald wir entdecken, dass wir die Dinge auch anders sehen können, stellt sich das berühmte **Aha-Erlebnis** ein. *Stephen Covey* berichtet von einem derartigen Erlebnis, das er an einem Sonntagvormittag in der New Yorker U-Bahn erlebte:

Die Passagiere saßen still da, manche lasen Zeitung, andere waren in Gedanken versunken, einige hatten die Augen geschlossen und ruhten sich aus. Es war eine ruhige, friedliche Szene. Dann stieg ein Mann mit seinen Kindern ein. Die Kleinen waren laut und ungestüm, die ganze Stimmung änderte sich abrupt. Der Mann setzte sich neben mich und machte die Augen zu. Er nahm die Situation offenbar überhaupt nicht wahr. Die Kinder schrien herum, warfen Sachen hin und her, zerrten sogar an den Zeitungen der anderen Fahrgäste. Sie waren sehr störend. Aber der Mann neben mir unternahm nichts. Es war schwierig, nicht davon irritiert zu sein. Ich konnte nicht fassen, dass er so teilnahmslos war, dass er seine Kinder dermaßen herumtoben ließ und nichts dagegen tat, überhaupt keine Verantwortung übernahm. Es war deutlich, dass sich auch alle anderen in der U-Bahn ärgerten. Mit aus meiner Sicht ungewöhnlicher Geduld und Zurückhaltung sprach ich ihn schließlich an: *„Ihre Kinder stören wirklich sehr viele Leute hier. Könnten Sie sie nicht vielleicht etwas mehr unter Kontrolle bringen?"* Der Mann hob die Augen, als ob er sich zum ersten Mal der Situation bewusst würde, und sagte leise: *„Oh, Sie haben Recht, ich sollte etwas dagegen tun. Wir kommen gerade aus dem Krankenhaus, wo ihre Mutter vor einer Stunde gestorben ist. Ich weiß nicht, was ich denken soll, und die Kinder haben vermutlich auch keine Ahnung, wie sie damit umgehen sollen."* Können Sie sich vorstellen, was ich in dem Augenblick empfand? Mein Paradigma wechselte. Plötzlich *sah* ich die Dinge anders. Mein Ärger löste sich auf. Ich brauchte mich nicht darum zu bemühen, meine Einstellung oder mein Verhalten unter Kontrolle zu halten; mein Herz war von dem Schmerz des Mannes erfüllt. Mitgefühl und Sympathie konnten frei fließen. Alles veränderte sich in einem kurzen Augenblick.[7]

Es gehört zu meinen alltäglichen Erfahrungen, dass hinter dem Verhalten meiner Gesprächspartner meist eine ganz andere Erklärung liegt, als ich zuvor angenommen hatte. So wie *Stephen Covey* es beschreibt, ändern sich unsere Gefühle von einer Sekunde auf die andere, wenn sich der Bezugsrahmen ändert. Dazu muss es uns gelingen, den anderen zum Sprechen zu bringen, ihn also einzuladen, seine Sichtweise zur aktuellen Situation zu schildern. Das setzt allerdings voraus, dass wir ihn nicht schon vorverurteilen, sondern wirklich daran interessiert sind, den Sachverhalt zu verstehen. Dafür benötigen wir den schon wiederholt angesprochenen **Tonfall der Selbstverständlichkeit,** der dem anderen signalisiert, dass wir aus einer Haltung des **Gewährens,** des **Zulassens** und **Erlaubens** zuhören, weil wir seine Sicht der Dinge verstehen wollen.

In den vorangegangenen Beispielen könnte dem „Fehlverhalten" etwas zugrunde liegen, was bislang außer Acht gelassen wurde, beispielsweise:

Unpünktlichkeit: Hilf mir bitte zu verstehen, warum du jetzt erst kommst.

Wir hatten uns doch für die Spätvorstellung entschieden, ich verstehe jetzt gar nicht, warum du so gereizt bist. *Oder:*

Ich hatte mich nicht getraut, dir zu gestehen, dass ich den Film gar nicht sehen will, weil er mich gruselt. *Oder:*

Ich habe völlig die Zeit vergessen während des Telefonats mit Jana. Sie war völlig aufgelöst, weil ihr Mann heute Morgen einen Schlaganfall hatte.

Kleid nicht abgeholt: Ich möchte gern nachvollziehen, wieso du ohne mein Kleid nach Hause kommst.

Du hast recht, ich hatte versprochen, das Kleid von der Reinigung zu holen. Ich hatte vor, es morgen mit dem Tanken zu verbinden, weil mir nicht klar war, dass du es heute anziehen willst. *Oder:*

Du wirst es kaum glauben, ich war in der Reinigung, aber sie haben mir dein Kleid nicht rausgerückt, weil ich den Abholzettel nicht dabei hatte. Den musst du noch haben. *Oder:*

Oh je, das habe ich total verschwitzt. Der Alte hat mir das neue Projekt wieder weggenommen, seitdem verstehe ich die Welt nicht mehr und bin völlig durch den Wind.

Über Absprache hinweggesetzt: Ich verstehe diese Einladungsliste nicht, da stehen deutlich mehr drauf, als wir vereinbart hatten.

Du hattest gesagt, auf keinen Fall mehr als zehn. Und wenn meine fünf Kumpel ihre Mädels mitbringen sind wir doch nicht mehr als zehn. Was habe ich denn jetzt falsch gemacht? *Oder:*

Du hast ja recht, so war das nicht ausgemacht. Aber was sollte ich denn machen? Als ich Sören die Einladung gab, stand Markus daneben und fragte, ob er nicht auch kommen dürfe und da habe ich mich nicht getraut, „nein" zu sagen. Und dann schleppt Markus in der Pause noch Julian und Sven an und fragt, ob das okay sei, wenn die beiden auch noch kommen. Ich wusste nicht, wie ich in dem Moment hätte reagieren sollen. *Oder:*

Die Einladungsliste, die du da in Händen hältst, ist doch die alte Liste, die ich vor unserem Gespräch gemacht hatte. Die lag zwar noch auf meinem Schreibtisch, ist doch aber nicht mehr aktuell. Was regst du dich da auf?

Lieferung nicht zugestellt: Ich möchte gern begreifen, wieso meine Bestellung noch nicht da ist.

Ihre Bestellung liegt hier. Sie haben auf dem Formular das obere Kästchen angekreuzt, da steht „Selbstabholung", andernfalls wären ja noch € 6,80 Porto hinzugekommen. *Oder:*

Gut, dass Sie uns anrufen. Wir versuchen Sie nämlich schon seit drei Tagen unter der von Ihnen angegebenen Nummer vergeblich zu erreichen, um Ihnen mitzuteilen, dass dieses Teil zurzeit nicht lieferbar ist. *Oder:*

Auf der Bestellbestätigung steht Lieferung Ende 32. KW. Die Ware ist raus. Die ist mit Sicherheit morgen da. Heute ist ja erst Freitag.

Nicht zur Sitzung erschienen: Wie kann ich das auf die Reihe kriegen, dass du nicht da bist?

Ich liege im Krankenhaus, weil ich heute Morgen einen Unfall hatte. Hat dir das Frau Malwitz nicht ausgerichtet? *Oder:*

Ich bin bereits da. Du hast allerdings nicht mitbekommen, dass der Chef mich schon in den Sitzungsraum gerufen hat, um mit mir die Details unserer Präsentation zu besprechen. *Oder:*

Ich habe mich bemüht, dich sowohl über den Empfang als auch übers Sekretariat zu erreichen. Ich bin auf dem Weg in die Firma bestohlen worden. Mein Notebook, mein Handy und alle Unterlagen sind weg.

Vielleicht denken Sie: *„Wenn es nur so einfach wäre."* Die Frage lautet nun: Wann fangen Sie an, es sich einfach zu machen?

Wenn wir **verstehen wollen,** werden wir auch die schmerzliche Erfahrung machen, dass es für unsere Erwartungen manchmal gar keine Berechtigung gibt. Wir halten etwas für abgemacht, obgleich es keine ausgesprochene Vereinbarung gibt. Oder wir gehen von einer Übereinkunft aus, nur weil der andere nicht widersprochen hat. Manchmal setzen wir eine Zustimmung oder Einigung voraus, weil wir erwarten, dass dem anderen etwas genauso klar sein muss, wie uns selbst. Zur Illustration nehme ich noch einmal die vorangegangenen Beispiele:

Unpünktlichkeit: Hilf mir bitte zu verstehen, warum du jetzt erst kommst.

Wieso? Wir haben zwar heute früh überlegt, ins Kino zu gehen und du meintest, wir müssten dann spätestens um halb acht aus dem Haus. Dass Kino für dich abgemacht war, war mir aber nicht klar.

Kleid nicht abgeholt: Ich möchte gern nachvollziehen, wieso du ohne mein Kleid nach Hause kommst.

Ich hatte tatsächlich gesagt, dass ich noch vor dem Wochenende tanken muss und ich war damit einverstanden, dann die Sachen von der Reinigung zu holen. Daraus hat sich für mich nicht ergeben, dass das heute sein sollte.

Über Absprache hinweggesetzt: Ich verstehe diese Einladungsliste nicht, da stehen deutlich mehr drauf, als wir vereinbart hatten.

„Vereinbart" finde ich jetzt das völlig falsche Wort. Du hast verlangt, dass ich nicht mehr als zehn Leute einladen soll. Weil ich keinen Bock auf Stress hatte, habe ich meinen Mund gehalten.

Lieferung nicht zugestellt: Ich möchte gern begreifen, wieso meine Bestellung noch nicht da ist.

Sie hatten mir tatsächlich erklärt, wie wichtig Ihnen diese Lieferung ist und dass Sie das Teil spätestens am 20. benötigen. Ich konnte Ihnen keine verbindliche Zusage machen und habe darum gesagt: „Ich schau mal, ob wir das hinkriegen."

Nicht zur Sitzung erschienen: Wie kann ich das auf die Reihe kriegen, dass du nicht da bist?

Ich habe dir überhaupt keine Zusage gemacht. Du hattest zwar gemeint, dass es äußerst wichtig wäre, zu zweit unser Projekt vorzustellen, aber ehe ich etwas erwidern konnte, warst du schon weg, weil dein Handy geklingelt hat.

Zunächst einmal ist es enttäuschend, wenn unsere Gewissheit flöten geht, weil wir entdecken müssen, dass unsere Vorannahmen unberechtigt sind. Wir können uns eine Menge Ärger ersparen, wenn wir uns in einem ersten Schritt angewöhnen, Abmachungen gegenzuprüfen, d. h. den anderen dazu zu bringen, seine Sichtweise darzulegen. Zugegeben, das ist umständlich, ja mühsam, aber regelmäßig erhellend. Ganz besonders dann, wenn unser Gegenüber nur mit geteilter Aufmerksamkeit hingehört hat und wir sein *„Ja"* oder *„Hm"* für Zustimmung, neudeutsch „Commitment" gehalten haben. Stellen wir uns dieses Prüfen für die Beispiele einmal vor:

Wie sieht es jetzt mit Kino aus? Gehen wir in die 20-Uhr-Vorstellung?

Kannst du die Sachen heute noch holen? Ich möchte das Kleid abends zu dieser Einladung anziehen.

Inwieweit bist du mit meinem Wunsch, nicht mehr als zehn Leute einzuladen, einverstanden?

Kann ich von Ihnen eine verbindliche Zusage erhalten, dass ich spätestens am 20. dieses Teil habe?

Interpretiere ich dein Schweigen richtig, dass du einverstanden bist, mit mir zusammen die Projektpräsentation zu machen?

Dieses Vorgehen kann uns allerdings auch Absagen bescheren. Das erfordert ein Umdenken oder auch einen zweiten Anlauf. Es verschont uns aber in jedem Fall vor späterer Enttäuschung und Ärger.

Wollen wir uns unnötige Aufregung ersparen, werden wir dem Grundsatz folgen:

Erst verstehen, dann verstanden werden.

Dieser Grundsatz wurde schon im antiken Griechenland geschätzt, wenn *Platon* seinen Lehrer *Sokrates* sagen lässt: *„Dies ist, glaube ich, ungefähr deine Meinung, Kebes. Mit Absicht wiederhole ich sie öfters, damit uns ja nichts davon entgeht und damit du das, was du etwa willst, noch hinzusetzen oder abstreichen kannst.“*[8]

Hier wird deutlich, dass nicht so sehr die „wunden Punkte“ einer Gegenmeinung gesucht werden, als vielmehr ein genaues Verstehen der Ansichten des Gesprächspartners angestrebt wird. Diese Form des Miteinandersprechens, des Streitens im Sinne eines Meinungsaustausches, erreichte ihren Höhepunkt im 13. Jahrhundert, in den sogenannten scholastischen Disputationen. Für diese Streitgespräche gab es damals eine Spielregel, die das Zuhören erzwungen hat: „Niemandem war gestattet, auf einen Einwurf des Gesprächspartners unmittelbar zu antworten; vielmehr musste er vorher den gegnerischen Einwand mit eigenen Worten wiederholen und sich ausdrücklich vergewissern, dass der andere genau das Gleiche meine.“[9] Die innere Einstellung zum Gesprächspartner war im mittelalterlichen Streitgespräch eine vollkommen andere als heute. *Thomas von Aquin* macht diese Einstellung deutlich mit den Worten: *„Man muss beide lieben, sowohl die, deren Meinung wir teilen, als auch die, deren Meinung wir ablehnen. Beide nämlich haben sich bemüht um der Erforschung der Wahrheit willen, und beide haben uns hierin Hilfe geleistet.“*[10]

Sobald wir verstanden haben, steht es uns frei, zu bewerten, zu urteilen und uns gegebenenfalls auch aufzuregen. Leider sind wir umgeben von Menschen, die bereits bewerten, bevor sie verstanden haben und die nicht nur urteilen, sondern auch verurteilen, ohne im Geringsten zu erfassen, wie ein bestimmter Sachverhalt auch gesehen werden kann. Diese schnellen Urteile bieten zwar einen wichtigen Nutzen: Sie festigen die eigenen Vorstellungen und bewahren die Sicherheit, dass der hervorgerufene Ärger situationsangemessen war. Was wie ein Vorteil aussieht, entpuppt sich aber als gewaltiger

Nachteil: Wer davon ausgeht, im Recht zu sein, produziert automatisch Verlierer und muss früher oder später mit dessen Rache rechnen. Die **Argumentationsfalle** lässt grüßen.

Wenn wir es schaffen, unseren Gesprächspartnern deren spezielle Sicht der Dinge zuzubilligen, begegnen wir diesen aus der Haltung des **Gewährens, Erlaubens** und **Zulassens.** In der Folge werden wir immer wieder überrascht werden und ins Staunen geraten, was es alles neben unserer eigenen Weltsicht noch gibt. Wollen wir weitere Sichtweisen zulassen, müssen wir allerdings bereit sein, die Einzigartigkeit unserer Sichtweise infrage zu stellen. Dafür müssen wir unsere Position keineswegs aufgeben, sie ist jedoch nur eine unter anderen.

Sollten wir allerdings auf dem Weg des Verstehen-Wollens entdecken, dass es der andere übel meint und uns aus einer Haltung der Respektlosigkeit behandelt, löst dies gewiss weitere unangenehme Gefühle aus. Jetzt wissen wir aber, worüber wir uns ärgern. Wir haben geprüft, wie der andere uns sieht und können entscheiden, ob wir noch wertschätzend bleiben wollen. Manchmal sind wir gut beraten, uns vor weiterer Missachtung in Sicherheit zu bringen und manchmal werden wir Lust haben, den Konflikt im Sieger-Verlierer-Stil auszutragen.

Unser Wunsch nach Verstehen-Wollen ruft nicht unbedingt eine harmonische Erwiderung hervor. Wertschätzung stößt ja nicht zwangsläufig auf Gegenliebe. Ich hatte im vorangegangenen Kapitel beschrieben, dass manche Menschen in bestimmten Situationen gar nicht ernst genommen werden wollen, weil sie sonst Verantwortung übernehmen müssten. Ehe wir jedoch auf Reaktionen, die wir als respektlos erleben, direkt reagieren, kann es klärend helfen, dem anderen zurückzuspiegeln, wie seine Äußerung bei uns ankam. Bei den vorangegangenen Beispielen sind dann auch folgende Dialoge denkbar:

Unpünktlichkeit: Hilf mir zu verstehen, warum du jetzt erst kommst.

Jetzt hab dich doch nicht wegen 15 Minuten so. Ich hatte noch was zu erledigen und wir werden schon nichts verpassen. Also komm wieder runter und beruhige dich!

Schade. Mir ist es wichtig, dich zu verstehen. Wenn ich das richtig deute, ist dir das gerade egal.

Kleid nicht abgeholt: Ich möchte gern nachvollziehen, wieso du ohne mein Kleid nach Hause kommst.

Jetzt mach mal halblang! Wieso soll ich mich jetzt erklären, weil dein blödes Kleid noch in der Reinigung ist. Wenn's dir so wichtig gewesen wäre, hättest du es ja selbst abholen können.

Du wirkst gerade ziemlich gereizt. Ich wollte verstehen, wieso deine Zusage von heute Morgen, das Kleid abzuholen, nicht mehr gilt. Aus irgendwelchen Gründen möchtest du nicht, dass ich das verstehe.

Über Absprache hinweggesetzt: Ich verstehe diese Einladungsliste nicht, da stehen deutlich mehr drauf, als wir vereinbart hatten.

Na und. Ich habe es mir halt anders überlegt. Es ist schließlich mein Geburtstag und da lade ich halt ein, wen ich will.

Das war deutlich. Wenn du *„na und"* sagst, höre ich, dass dir mein Interesse, dich verstehen zu wollen, scheißegal ist. Das muss ich so hinnehmen.

Lieferung nicht zugestellt: Ich möchte gern begreifen, wieso meine Bestellung noch nicht da ist.

Keine Ahnung. Wir haben dermaßen viel um die Ohren, da kann schon mal die eine oder andere Bestellung hinten runter fallen.

Mein Ärger scheint Ihnen gerade ziemlich gleichgültig zu sein.

Nicht zur Sitzung erschienen: Wie kann ich das auf die Reihe kriegen, dass du nicht da bist.

Stell dich nicht so an, ich bin quasi schon unterwegs. Ich hatte noch ein wichtiges Telefonat. Kopf hoch! Du wirst den Einstieg auch ohne mich schaukeln.

Du findest, ich stelle mich an, wenn ich deine Zusage für bare Münze nehme.

Die respektlose Reaktion des anderen lädt ein, unseren Standpunkt zu untermauern, was uns allerdings geradewegs in die **Argumentationsfalle** führt. Solange sich unser Gegenüber noch nicht für uns und unsere Sichtweise interessiert, helfen keine Argumente. Da wir die Reaktion des anderen ohnehin deuten, können wir dies dem anderen direkt mitteilen, damit er prüfen kann, ob wir ihn richtig interpretieren.

Respektlosigkeit erfolgt selten aus Absicht. Gerade wenn es sich um eine undurchdachte Spontanreaktion handelt, gibt eine wertschätzende, ums Verstehen bemühte Antwort dem anderen Gelegenheit, einen Rückzieher zu machen und einzulenken. Wer jedoch weiterhin auf Missachtung setzt, muss dann auch Verantwortung übernehmen, für die Konsequenzen, die sich daraus ergeben.

Zur Verdeutlichung nehme ich die fünf vorangegangenen Beispiele und biete zunächst eine ums Wohlwollen bemühte Reaktion an, ehe ich zeige, wie wir bei fortgesetzter Respektlosigkeit eine Grenze ziehen können.

Unpünktlichkeit: Hilf mir zu verstehen, warum du jetzt erst kommst.

Jetzt hab dich doch nicht wegen 15 Minuten so. Ich hatte noch was zu erledigen und wir werden schon nichts verpassen. Also komm wieder runter und beruhige dich!

Schade. Mir ist es wichtig, dich zu verstehen. Wenn ich das richtig deute, ist dir das gerade egal.

Respektvoll: Das war nicht so gemeint. Ich bin eigentlich auf meinen Kollegen Arno sauer, weil der mich unnötig aufgehalten hat. Jetzt hast du es abgekriegt, verzeih bitte!

Respektlos: Hallo, hast du gerade einen Hormonstau? Ein bisschen mehr Contenance könnte dir nicht schaden, falls du verstehst, was ich meine.

Du teilst gerade ganz schön aus. Bei mir kommt an, dass ich mich anstelle, wenn ich enttäuscht bin. Korrigiere mich bitte, wenn ich das falsch sehe: Ich soll künftig Verabredungen mit dir nicht so ernst nehmen.

Kleid nicht abgeholt: Ich möchte gern nachvollziehen, wieso du ohne mein Kleid nach Hause kommst.

Jetzt mach mal halblang! Wieso soll ich mich jetzt erklären, weil dein blödes Kleid noch in der Reinigung ist. Wenn's dir so wichtig gewesen wäre, hättest du es ja selbst abholen können.

Du wirkst gerade ziemlich gereizt. Ich wollte verstehen, wieso deine Zusage von heute Morgen, das Kleid abzuholen, nicht mehr gilt. Aus irgendwelchen Gründen möchtest du nicht, dass ich das verstehe.

Respektvoll: Mist, du hast ja recht. Eigentlich ärgere ich mich über meine Vergesslichkeit. Ich hatte es ja zugesagt. Es ist mir schon peinlich, von dir dann auch noch darauf angesprochen zu werden.

Respektlos: Du gehst mir mit deinem Psychogedöns echt auf den Sack. Wahrscheinlich kriegst du deine Tage.

Okay, das lasse ich jetzt mal unkommentiert so stehen. Ich schlussfolgere aus deiner Reaktion: Deine Zusagen sind warme Luft und ich bin selbst schuld, wenn ich mich darauf verlasse.

Über Absprache hinweggesetzt: Ich verstehe diese Einladungsliste nicht, da stehen deutlich mehr drauf, als wir vereinbart hatten.

Na und. Ich habe es mir halt anders überlegt. Es ist schließlich mein Geburtstag und da lade ich halt ein, wen ich will.

Das war deutlich. Wenn du *„na und"* sagst, höre ich, dass dir mein Interesse, dich verstehen zu wollen, scheißegal ist. Das muss ich so hinnehmen.

Respektvoll: Ach Mama, du willst mich immer verstehen und dabei verstehe ich mich doch selbst nicht. Ich finde gerade alles ziemlich stressig.

Respektlos: Hör mir doch mit deinem Verstehen-Wollen auf! Wenn du mich verstehen wolltest, wäre es für dich okay, dass ich einlade, wen ich will. Aber das ist wohl zu hoch für dich.

Mich kränkt es, wie du gerade mit mir redest. Für dich bedeutet Verständnis, mit allem einverstanden zu sein, was du willst. Ich weiß nicht, ob du mir eigentlich sagen willst, dass wir keine Absprachen treffen sollen, weil du dich eh nicht daran halten möchtest.

Lieferung nicht zugestellt: Ich möchte gern begreifen, wieso meine Bestellung noch nicht da ist.

Keine Ahnung. Wir haben dermaßen viel um die Ohren, da kann schon mal die eine oder andere Bestellung hinten runter fallen.

Mein Ärger scheint Ihnen gerade ziemlich gleichgültig zu sein.

Respektvoll: Entschuldigung, ich habe Sie gerade ziemlich blöd abgefertigt, das tut mir leid. Ich bin nur ziemlich genervt, weil wir hoffnungslos unterbesetzt sind und ich alle Kundenbeschwerden abbekomme. Aber da können Sie ja nichts dafür.

Respektlos: Wenn ich mir jetzt auch noch den Ärger der Kunden zu Herzen nehmen soll, komme ich zu gar nichts mehr.

Welches Problem mir gerade entsteht, scheint Ihnen ziemlich gleichgültig zu sein. Ich frage mich, wie wichtig für Sie Zuverlässigkeit ist und ob Sie eigentlich erreichen wollen, dass ich meine Entscheidungen für zukünftige Bestellungen überdenke.

Nicht zur Sitzung erschienen: Wie kann ich das auf die Reihe kriegen, dass du nicht da bist.

Stell dich nicht so an, ich bin quasi schon unterwegs. Ich hatte noch ein wichtiges Telefonat. Kopf hoch! Du wirst den Einstieg auch ohne mich schaukeln.

Du findest, ich stelle mich an, wenn ich Zusagen für bare Münze nehme.

Respektvoll: Nein, deine Reaktion ist völlig in Ordnung. Ich bin gerade total verspult und leider auch unzuverlässig.

Respektlos: Jetzt komm mir doch nicht mit dieser Tour! Mir ist halt was dazwischengekommen. C'est la vie.

Irgendwie ärgerst du dich gerade über mich, weil ich dich ernst genommen habe. Vielleicht soll ich eigentlich verstehen, dass Verbindlichkeit für dich keinen Wert hat.

Das Prinzip, erst einmal verstehen zu wollen, trägt in jedem Fall zu einer Klärung bei. Entweder in Form eines Aha-Erlebnisses oder – wie in den vorangegangenen Beispielen – in Form einer ernüchternden **Beziehungsklärung.** So schmerzlich es ist, wenn wir respektlos behandelt werden, so hilfreich trägt diese Klärung dazu bei, das zukünftige Miteinander zu überdenken. Folgende fünf Fragen mögen uns dabei helfen:

- Wollen wir weiterhin den Preis zahlen, dass der andere seine Ziele auf unsere Kosten durchsetzt?
- Wollen wir uns selbst ernst nehmen und unsere Grenzen zeigen?
- Geht es uns vorrangig um Harmonie?
- Geht es uns auch um unsere Selbstachtung?
- Oder nehmen wir gar dem anderen seine Respektlosigkeit nicht weiter übel, weil sie uns erlaubt, mit gleicher Münze zurückzuzahlen und ihn ebenso geringschätzig zu behandeln.

Marshall Rosenberg bezieht sich in seinem Konzept der **Gewaltfreien Kommunikation** auf den indischen Philosophen *Jiddu Krishnamurti*, der sagt: „*Beobachten, ohne zu bewerten, ist die höchste Form der menschlichen Intelligenz.*“[11] Damit wir nicht vorschnell bewerten, regt er direkt an: „*Wenn du Interpretationen vermeiden willst, frage nach.*“ Genau das ist es, was uns davor bewahren kann, in die **Falle der unbewussten Vorannahmen** zu tappen. (Für dieses Phänomen wird auch gern der englische Begriff „**unconscious bias**" verwendet.) Obgleich Beobachtung, Interpretation und Bewertung drei unabhängige Schritte sind, sind sie so stark miteinander verknüpft, dass sie uns als Einheit erscheinen. Machen wir uns klar:

1. **Beobachtung:** Was sehe ich? Was lese oder höre ich? Es geht hierbei um reine Sinnesempfindungen.
2. **Interpretation:** Was denke ich? Wie ordne ich zu? Was ist damit gemeint? Worauf läuft das hinaus? Usw.
3. **Bewertung:** Was empfinde ich? Welches Gefühl löst die Situation bei mir aus? Wie beurteile und entscheide ich?

Beobachtung und Bewertung zu trennen, erfordert Übung und Disziplin. Sie kennen das aus ganz alltäglichen Situationen, in denen Ihnen jemand widerspricht oder eine ganz andere Meinung vertritt. In einer derartigen Situation offen und neugierig auf die entgegengesetzte Position zu reagieren und sich diese erklären zu lassen, bedarf großer Selbstbeherrschung.

Wer beobachtet, teilt mit, was er sieht oder hört. Sobald er mitteilt, was er davon hält, bewertet er bereits.

Ob wir wollen oder nicht, lösen Beobachtungen in uns Gefühle aus. Dabei deuten positive Gefühle darauf hin, dass unsere Bedürfnisse erfüllt wurden (= Zustand der Sättigung). Umgekehrt lässt sich aus den negativen Gefühlen schließen, dass irgendwelche Bedürfnisse unerfüllt geblieben sind (= Zustand des Mangels).

Die Befürworter der **Gewaltfreien Kommunikation** halten es für zielführend, Konflikte in einer Abfolge von vier Schritten zu entschärfen.

1. **Beobachten, ohne zu bewerten,** d. h. den Anlass für das Gespräch zu benennen und den Auslöser für die Unstimmigkeit zu beschreiben.
2. **Fühlen, ohne zu interpretieren,** d. h. die eigene emotionale Reaktion auszusprechen, ohne dabei das Verhalten des anderen zu deuten.

3. **Bedürfnisse statt Strategien,** d. h. benennen, was man benötigt, um sich besser zu fühlen, statt bereits Lösungen zu beschreiben.
4. **Bitten statt fordern,** d. h. konkret zu beschreiben, was man möchte. Im Gegensatz zu einer Forderung, deren Nichterfüllung mit Sanktionen einhergeht, kann auf eine Bitte auch mit *„Nein"* reagiert werden.

Damit aus diesen vier Schritten keine Masche wird, halte ich es für unerlässlich, zuvor dem Grundsatz **erst verstehen, dann verstanden werden** zu folgen.

- Warum sollte mir jemand zuhören, wenn ich noch gar nicht vermittelt habe, wie wichtig es mir ist ihn zu verstehen?
- Weshalb sollte sich jemand für meine Gefühle und Bedürfnisse öffnen, wenn ich noch gar nicht gezeigt habe, dass ich seine Gefühle und Bedürfnisse wahrgenommen habe und auch respektiere?
- Aus welchem Grund sollte jemand meiner Bitte nachkommen, die doch auf eine Verhaltensänderung hinausläuft, wenn ich sein momentanes Verhalten bislang nicht verstanden habe?
- Und ganz grundsätzlich: Wieso sollte mir jemand glauben, dass mir an einer wertschätzenden Beziehung gelegen ist, wenn meine Äußerung doch darauf abzielt, den anderen zu einem bestimmten Verhalten zu bewegen?

Auch wenn jemand noch so trefflich seine Beobachtungen, seine Gefühle, Bedürfnisse und konkreten Bitten formuliert, dreht er sich erst einmal um sich selbst und wirkt dadurch **egozentrisch.** Selbstverständlich spricht nichts dagegen, jemanden um etwas zu bitten. Eingebunden in dieses Kommunikationsmodell kommt die Bitte jedoch eingefärbt herüber. Damit meine ich, dass allein das Mitteilen eines negativen Gefühls gepaart mit dem unerfüllten Bedürfnis jeder Bitte einen moralischen Anstrich verleiht. Einer derartigen Bitte dennoch nicht nachzukommen, erscheint dann gefühlskalt und rücksichtslos. Ich befürchte, dass die **Einfühlsame Kommunikation,** wie die Gewaltfreie Kommunikation auch genannt wird, nicht ins Paradies führt, sondern geradewegs in den Abgrund menschlicher Konflikte. Wie geht es Ihnen mit folgendem Musterbeispiel?

Wenn du so schnell fährst, fühle ich mich unwohl.

Hast du Angst, dass etwas passieren könnte?

Ja, ich bin ein bisschen besorgt – und ich kann bei dem Tempo die Landschaft auch gar nicht genießen. Bitte fahre etwas langsamer!

Okay! Ich freue mich ja darüber, dass wir zum Vergnügen unterwegs sind. Ich fühle mich doch noch etwas angespannt vom Job. Was hältst du davon, wenn ich dort vorne am Restaurant anhalte und wir auf der Terrasse einen Kaffee trinken?

Oh! Das gefällt mir![12]

Auch wenn dieses Beispiel harmonisch wirkt, gewinne ich den Eindruck, dass der Fahrer konformistisch reagiert und um des lieben Friedens willen einlenkt. Ein weniger harmoniebedürftiger Fahrer könnte auch das mangelnde Vertrauen des Beifahrers thematisieren:

Wenn du bei diesem Tempo besorgt bist, hast du anscheinend Zweifel an meinen Fahrkünsten. Selbst wenn ich langsamer fahre, ändert das nichts an deinem Misstrauen hinsichtlich meines Fahrstils.

Wenn dieses Modell der Kommunikation darauf abzielt, eigene Interessen durchzusetzen, dann wirkt es wie eine Technik, mit der ein anderer subtil für die Erfüllung der eigenen Bedürfnisse umgarnt werden soll.

Wollen wir einen anderen wahrhaftig verstehen, müssen wir **zuhören.** Wer wirklich zuhört, denkt nicht über sich und mögliche Kommentare nach, kommt auch nicht auf die Idee, *„das kenne ich“* zu ergänzen oder gar ein *„ich kann dich ja so gut verstehen“* einzuwerfen, geschweige denn die eigenen Erfahrungen dazu zu berichten. Wer zuhört, ist ganz beim anderen und muss es auch aushalten können, Dinge zu erfahren, die einem gegen den Strich gehen, die der eigenen Überzeugung zuwiderlaufen oder die eigenen Pläne durchkreuzen. Zum Glück müssen wir dem anderen nicht zustimmen. Ob wir das, was wir hören, gut oder schlecht finden, ist unsere bewertende Reaktion, um die es beim Verstehen-Wollen überhaupt nicht geht. Es ist naheliegend, bei sich zu denken: *„Da bin ich aber ganz anderer Meinung“*, und schon sind wir wieder bei uns und nicht mehr beim anderen. Wir können diese assoziativen Gedanken nicht verhindern, wir können sie aber für uns behalten.

Wir halten zwar unsere alltäglichen Wahrnehmungen für richtig, aber das, was wir zu erkennen glauben, muss nicht immer das einzig Richtige und Mögliche sein. Wer nicht bereit ist, eine andere Sichtweise zuzulassen, ist eigentlich blind. Denn wer glaubt, dass alles so ist bzw. so sein muss, wie er es sieht, verschließt sich vor der Wirklichkeit. Unsere Freiheit besteht darin, mehr als nur eine Möglichkeit zuzulassen.

Die GEZ-Formel (**Gewähren, Erlauben, Zulassen**) meint keineswegs ein Erlauben im Sinne einer inhaltlichen Zustimmung. Was wir zulassen müssen, ist die Tatsache, dass der andere nun mal die Welt so sieht und erlebt, wie er sie gerade beschreibt. Wir können durchaus gewähren, dass unser Gegenüber für sich andere Prioritäten setzt und wir müssen es aushalten, dass er andere Lösungen favorisiert, als wir es täten. Gelingt es uns, das **vitale Bedürfnis** beim anderen zu befriedigen, nämlich **beachtet, verstanden** und **anerkannt** zu werden, öffnet sich dieser automatisch für den Dialog mit uns. Sobald nämlich dieses Grundbedürfnis befriedigt ist, entsteht ein neues Bedürfnis: Die Welt – und damit auch uns – noch besser zu verstehen. Erst dann können wir Einfluss auf den anderen nehmen und beispielsweise über Lösungen nachdenken, die beiden Seiten gerecht werden.

Ich hatte immer wieder darauf hingewiesen, dass der Ton die Musik macht. Wenn wir sprechen, teilen wir nicht nur et**was** Inhaltliches mit, zugleich drücken wir auch aus, **wie** wir das meinen, was wir sagen. Bereits im Krabbelalter haben wir gelernt, auf den Tonfall unserer Eltern zu reagieren. Der Satz: „*Komm mal her!*" führt, liebevoll oder zärtlich gesprochen, zum sofortigen Kommen. Bei kritischem oder vorwurfsvollem Ton wittert das Kind Gefahr und krabbelt nur bis zu einem Sicherheitsabstand herbei. Ironie ist ein weiteres Beispiel für ein Phänomen, das nur am Tonfall zu erkennen ist.

In unserer Sprechweise äußert sich immer auch unsere zugrundeliegende Haltung. Beispielsweise können Sie die drei Wörter der Feststellung „*du fährst achtzig*" vorwurfsvoll äußern und dabei das letzte Wort betonen: „*du fährst achtzig*". Sie können die Stimme auch beim Wort „*achtzig?*" anheben und es wie eine Frage klingen lassen; genauso gut können Sie in diesen kurzen Satz Erstaunen und auch

Neugier legen, ebenso wie Missbilligung und Ablehnung. Aufgrund lebenslanger Übung nimmt Ihr Gesprächspartner diese mitschwingende Information auf und wird genau darauf reagieren. Auf den Vorwurf mit Rechtfertigung, auf die Kritik mit Verteidigung, auf die Frage mit einer Antwort usw. Gelingt es Ihnen, das vom Fahrer gewählte Tempo als seine Entscheidung zu nehmen und können Sie es auch aushalten, dass Sie auf diese Entscheidung im Moment wenig Einfluss haben, dann fällt Ihre Reaktion höchstwahrscheinlich akzeptierend aus und Sie können im **Tonfall der Beiläufigkeit** feststellen: „*Du fährst achtzig.*" Schon damit heben Sie die Spontaneität auf. Der Fahrer muss sich jetzt bewusst entscheiden, welches Tempo er weiterhin fahren will. Wenn Ihr Tonfall darüber hinaus wahrhaftiges Interesse erkennen lässt, weil Sie wirklich verstehen wollen, was den Fahrer gerade bewegt, dann fühlt dieser sich ernsthaft gesehen und angesprochen und geradezu eingeladen, in einen Dialog zu treten. Mich fasziniert immer wieder, wie Menschen ohne zu zögern zugeben können, dass sie sich geirrt haben, fahrlässig waren oder einfach nur unbedacht. Wer sich nicht angegriffen fühlt, braucht sich nicht zu verteidigen. Wo keine Kritik von außen zu erkennen ist, kann Selbstkritik einsetzen.

Zur Übung greife ich nochmals auf die fünf Beispiele zurück. Sie können mit diesen Sätzen ein wenig experimentieren. Sprechen Sie diese laut aus und lassen einen Vorwurf mitschwingen, probieren Sie aus, wie Ihre Stimme am Ende hochgeht, wenn Sie unsicher sind und den Sachverhalt fragend klären möchten und schließlich testen Sie, wie gut es Ihnen gelingt, diese Sätze mit selbstverständlichem Tonfall auszusprechen, um damit zu zeigen, dass Sie einfach nur verstehen wollen:

Hilf mir bitte zu verstehen, warum du jetzt erst kommst.

Ich möchte gern nachvollziehen, wieso du ohne mein Kleid nach Hause kommst.

Ich verstehe diese Einladungsliste nicht, da stehen deutlich mehr drauf, als wir vereinbart hatten.

Ich möchte gern begreifen, wieso meine Bestellung noch nicht da ist.

Wie kann ich das auf die Reihe kriegen, dass du nicht da bist?

Wie in der Einleitung zu diesem Kapitel versprochen, werden Sie über kurz oder lang feststellen, wie erfolgreich Sie andere zum Sprechen bringen können, wenn Ihnen der „Tonfall der Beiläufigkeit“ gelingt und wie sehr es sich lohnt, diesen so lange zu üben, bis er zur Routine geworden ist.

Nachwort

Auch wenn ich das alles hier einfach so darstelle, ist mir durchaus bewusst, dass die Umsetzung nicht so einfach ist. Jeder, der ein Instrument lernt, eine neue Sportart, einen Tanzschritt, eine Maltechnik ausüben oder Gedichte schreiben möchte, weiß: „*Das muss geübt sein!*" Auch unser philosophisches Denken, das Denken in Möglichkeiten und Entwürfen, die Fähigkeit, nicht alles so zu nehmen, wie es gerade einmal erscheint, will geübt sein. Visionäres Denken entsteht, wenn wir uns darin üben, die Welt aus verschiedenen Perspektiven zu sehen und das Vertraute und Gewohnte nur als eine Möglichkeit unter anderen zu begreifen.

Mit diesem Buch habe ich Ihnen Möglichkeiten gezeigt, anders zu reagieren, als es uns die vertrauten Gesprächsmuster nahelegen. Wenn Sie das eine oder das andere ausprobieren, werden Sie vermutlich Ihre Gesprächspartner irritieren, ganz besonders die, welche glauben, Sie zu kennen. Je häufiger Sie erleben, dass es sich entlastend anfühlt, die Verantwortung beim anderen zu belassen, umso sicherer werden Sie. Und diese Sicherheit lässt Sie noch souveräner reagieren. Es wird nicht ausbleiben, dass Ihre Mitmenschen es nicht mehr so einfach mit Ihnen haben. Möglicherweise klärt Ihr verändertes Reagieren manche Beziehung. Es liegt in Ihrer Verantwortung!

Wenn Sie glauben, an der Grenze Ihrer Möglichkeiten angekommen zu sein, sind Sie lediglich an der Grenze Ihrer Vorstellungskraft angelangt.

Anmerkungen

1 Reinhard K. Sprenger: Aufstand des Individuums. Warum wir Führung komplett neu denken müssen. Campus Verlag, Frankfurt 2000, S. 104.
2 Ruth Cohn: Von der Psychoanalyse zur themenzentrierten Interaktion. Klett-Cotta Verlag, Stuttgart 1975, S. 124.
3 Aron Ronald Bodenheimer: Warum? Von der Obszönität des Fragens. Reclam Verlag, Stuttgart 1984, S. 113.
4 Friedrich Wilhelm Hegel: Vorlesungen über die Geschichte der Philosophie. Verlag Duncker und Humblot, Berlin 1842, S. 57.
5 António Damásio: Descartes' Irrtum. Fühlen, Denken und das menschliche Gehirn. List Verlag, München 1995.
6 Epiktet: Handbüchlein der Moral und Unterredungen. Fragment 9. Alfred Kröner Verlag, Stuttgart 1984.
7 Stephen R. Covey: Die 7 Wege zur Effektivität – Prinzipien für persönlichen und beruflichen Erfolg. Gabal Verlag, Offenbach 2014, S. 53.
8 Platon: Phaidon (95c). Meisterdialoge. Artemis-Verlag, Zürich 1958, S: 67.
9 Joseph Pieper: Hinführung zu Thomas von Aquin – Zwölf Vorlesungen. Kösel-Verlag, München 1958, S. 118.
10 Paul Wilpert: Das Problem der Wahrheitsfindung bei Thomas von Aquin. In: Beiträge zur Geschichte der Philosophie und Theologie des Mittelalters. Band 30. Aschendorffsche Verlagsbuchhandlung, München 1930, S. 3.
11 Zitiert nach Marshall Rosenberg: Gewaltfreie Kommunikation. Junfermann Verlag, Paderborn 2013.
12 Serena Rust: Wenn die Giraffe mit dem Wolf tanzt – Vier Schritte zu einer einfühlsamen Kommunikation. Koha-Verlag, Burgrain 2009, S. 25.

Sachverzeichnis

H

I

K

L

M

N

P

R

S

T

U

V

W

Z

Kunz
Vom Mitarbeiter zur Führungskraft
Die erste Führungsaufgabe erfolgreich übernehmen.
Wirtschaftsberater
4. Aufl. 2019. 310 S.
€ 16,90. dtv 50966
Auch als **ebook** erhältlich.
Neu im Juli 2019

TOPTITEL
NEU

Erfolgreicher Start in die Managementpraxis.

Der Übergang von einer Fachfunktion zur Leitungsaufgabe will gemeistert sein. Der Autor liefert dafür zahlreiche **Hinweise, Tipps und praktische Hilfen**. Er beschreibt, wie man sich auf die neue Rolle als Teamleiter vorbereiten kann – im Zeitraum von der Entscheidung bis zur ersten Ausübung der neuen Führungsaufgabe und den **»ersten 100 Tagen«** im neuen Job.

Das Buch macht Mut und hilft, die teils verborgenen Klippen in der Managementpraxis gut zu umschiffen. Denn eine Führungsaufgabe soll Spaß machen und Gestaltungsspielräume bieten.

Aus dem Inhalt:

- Was es bedeutet, eine Führungsaufgabe auszuüben
- Ein Team führen: Anforderungen und worauf es ankommt
- Was Ihre Vorgesetzten erwarten
- Wie Sie sich auf anspruchsvolle Erwartungen und Wünsche einstellen
- Wie Sie wirkungsvoll »an sich selbst arbeiten«: Selbst- und Stressmanagement
- Wie Sie den Überblick behalten

Der Autor **Dr. Gunnar Carlo Kunz**, Diplompsychologe, ist selbstständiger Managementberater und Coach in Ginsheim-Gustavsburg.

Mentzel
Erfolgreiche Vorträge und Präsentationen
Überzeugend auftreten, Lampenfieber beherrschen.
Wirtschaftsberater
3. Aufl. 2020. Rd. 200 S. NEU
ca. € 12,90. dtv 50965
Auch als **ebook** erhältlich
Neu im Frühjahr 2020

Das Buch ist eine perfekte Arbeitshilfe, um Vorträge und Präsentationen vorzubereiten und durchzuführen. Mit zahlreichen Übungen.

Drzyzga
Personalgespräche richtig führen
Ein Kommunikationsleitfaden.
Wirtschaftsberater
2. Aufl. 2011. 164 S.
€ 12,90. dtv 50840
Auch als **ebook** erhältlich.

Hugo-Becker/Becker
Psychologisches Konfliktmanagement
Menschenkenntnis · Konfliktfähigkeit · Kooperation.
Wirtschaftsberater
4. Aufl. 2004. 418 S.
€ 13,–. dtv 5829

Weisbach/Sonne-Neubacher
Professionelle Gesprächsführung
Ein praxisnahes Lese- und Übungsbuch.
Wirtschaftsberater TOPTITEL
9. Aufl. 2015. 499 S.
€ 14,90. dtv 50947
Auch als **ebook** erhältlich.

Bühring-Uhle/Eidenmüller/Nelle
Verhandlungsmanagement
Analyse · Werkzeuge · Strategien.
Beck im dtv
2. Aufl. 2017. 253 S.
€ 19,90. dtv 50763
Auch als **ebook** erhältlich.

Klotzki
So halte ich eine gute Rede
In 7 Schritten zum Publikumserfolg.
Wirtschaftsberater
2. Aufl. 2012. 131 S.
€ 9,90. dtv 50873
Auch als **ebook** erhältlich.

Weisbach
Gekonnt kontern
Wie Sie Angriffe souverän entschärfen.
Wirtschaftsberater
2. Aufl. 2017. 213 S.
€ 12,90. dtv 50955
Auch als **ebook** erhältlich.

SOKRATES → „Menon" (62)